本书是2010年教育部人文社会科学研究项目
"大型自然灾害状态下政府与非营利组织合作关系研究——以汶川大地震为例"
（批准号：10YJC810007）的结项成果

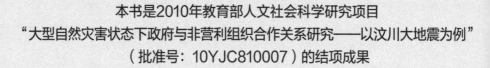

Collaboration Between Government
and Social Organizations in Natural Disasters:
A Case Study on the Wenchuan

EARTHQUAKE

|光|华|社|会|学|文|库|

主　编　边慧敏　　执行主编　彭华民　　副主编　邓湘树

自然灾害中的政府 与社会组织合作
——以汶川特大地震为例

邓湘树 / 著

社会科学文献出版社
SOCIAL SCIENCES ACADEMIC PRESS (CHINA)

总　序

　　为了更好地推动西南财经大学社会学学科建设，我们编撰了"光华社会学文库"。回顾从光华大学（Kwang Hua University）到西南财经大学的近百年历史，经世济民、孜孜以求是西南财经大学一贯传承的理念。秉持这两种交相辉映的大学精神，我们将本丛书取名为"光华社会学文库"，以守百年之光荣传统。同时，我们力求社会学研究的创新，这个努力包含了文库专著在中与西、理论与实证、学术与应用等方面的贡献。

一　西南地区的社会学研究：历史的馈赠

　　中国社会学起源于中国近代资产阶级启蒙思想家、中国社会学的先驱者严复于 1897 年翻译的斯宾塞的《社会学研究》（取名《群学肄言》）。1903 年上海文明编译局出版《群学肄言》足本，1908 年上海商务印书馆出版《订正群学肄言》。同时，中国古代学者思想中包含的丰富的社会思想，为中国社会学的发展做出了宝贵的贡献。①在社会学界，一般称 20 世纪 30～40 年代（指 1937～1949 年）为社会学的建设时期。社会学传入中国后的 30 多年仍

---

① 景天魁：《中国社会学话语体系建设的历史路径》，《北京工业大学学报》（社会科学版）2019 年第 5 期。

是舶来品。所以，如何使社会学的理论结合中国的社会实际、使社会学中国化，成为 20 世纪三四十年代社会学的中心任务①。而赋予这一时期中国社会学学术灵魂的，当属以孙本文为代表的综合学派②和在社会主义思潮基础上生发而来的唯物史观社会学③，以及吴文藻等人创建中国学派的努力。从某种意义上说，孙本文代表的综合学派是在那个时期的学院社会学中居于正宗地位的主流形态④。

中国社会学的历史本是在学术传统和学术领域中展开与书写的，但一个历史性事件改变了中国社会学的发展轨迹。1937 年七七事变爆发后，日军大举进攻中国，内地多个城市沦陷，平、津、宁、沪、杭等省市 70 多所高校为了保存我民族教育之国脉，迁徙到西南大后方⑤。各大院校、研究机构及社会学者云集西南边陲，云南、四川等成为社会学研究的重镇。被战争改写的中国社会学史中有一支兼有学术传统和地域特征的研究团队，他们在战争炮火中迁徙到西南，就地搞乡村建设实验；办教育培养社会学人才；结合战时情况，与实际部门开展社会服务工作，进行人口普查和社会实验，对不同类型社区和少数民族地区进行深入调查研究，对一些重要的社会问题进行系统研究⑥。与孙本文及其代表的综合学派相比，他们的研究更具中国特色，其研究成果成为中国社会学史上具有独创性的华彩之章。

在西迁社会学团队的社会学中国化研究中，社区研究独树一

---

① 杨雅彬：《四十年代中国社会学的建设》，《社会学研究》1988 年第 1 期。
② 郑杭生、李迎生：《中国早期社会学综合学派的集大成者——孙本文的社会学探索》，《江苏社会科学》1999 年第 6 期。
③ 李培林：《20 世纪上半叶的唯物史观社会学》，《东岳论丛》2009 年第 1 期。
④ 周晓虹：《孙本文与 20 世纪上半叶的中国社会学》，《社会学研究》2012 年第 3 期。
⑤ 中国人民政治协商会议、西南地区文史资料协作会议编《抗战时期内迁西南的高等院校》，贵州民族出版社，1988。
⑥ 杨雅彬：《四十年代中国社会学的建设》，《社会学研究》1988 年第 1 期。

帜，形成了 20 世纪 40 年代具有特色的中国学派。抗日战争时期，西迁内地开展实地社区研究的重要机构有三个：李景汉、陈达、史国衡等学者汇集的清华大学国情普查研究所，费孝通、许烺光、陶云逵等工作的云南大学和燕京大学合作的社会学研究室，李安宅等组织的华西协和大学边疆研究所。李安宅组织和领导了华西协和大学边疆研究所的工作。他从西北抵达成都后，除了整理西北藏族宗教、政治、文化、民俗民风的调查材料，还组织社区实证研究。该所开展的社区研究与云南大学－燕京大学社会学研究室的工作内容相似，也是在一定的小社区内长期进行多方面的实地观察，用当地的事实来检验人类学的各种理论并加以引申或修正。费孝通、李安宅、林耀华的成就引起国际社会科学界的注意。他们的社区研究朝着方法的科学化、问题的具体化、内容的中国化方向发展，改变了以往只注重西方理论的系统介绍，或者罗列中国社会事实的某种学院派研究状态。[①] 孙本文在《当代中国社会学》一书中总结了社会学传入中国半个世纪的历史，提出社会学中国化的几项工作：一是中国理论社会学的建立，二是中国应用社会学的建立，三是社会学人才的训练。[②] 按照这个划分，抗日战争时期西南地区特别是成都社会学研究的贡献主要是在应用社会学领域。

二　从光华大学到西南财经大学：光华日月　经世济民

西南财经大学的校史渊源可以上溯到上海的光华大学。光华大学是民国时期著名的综合性私立大学。光华大学的"光华"取自《卿云歌》"日月光华，旦复旦兮"。1937 年八一三事变爆发后，因地处战区，光华大学校舍全部被日军炸毁，但学校仍坚持

---

① 杨雅彬：《四十年代中国社会学的建设》，《社会学研究》1988 年第 1 期；周晓虹：《孙本文与 20 世纪上半叶的中国社会学》，《社会学研究》2012 年第 3 期。
② 孙本文：《当代中国社会学》，商务印书馆，2011。

租房上课，未曾间断。同时，校长张寿镛和校董事会商议决定将学校一部分迁入四川，于1938年成立光华大学成都分部，上海本部不再公开招生。光华大学成都分部成立后，不仅接收上海光华大学避难入川的学生，而且接收流亡到成都的其他大学肄业生。学生的年幼弟妹还可以被安排到大学附属小学和附属中学学习。1938年，由妇女界进步人士倡议发起，以救济教养战时难童为宗旨的抗战爱国团体——中国战时儿童保育会（以下简称"保育会"）在汉口正式成立。自保育会成立之日起，工作人员就不顾炮火危险，到战区搜救失去亲人、流浪街头的孤儿和贫苦之家无力抚养的儿童，将其运送到后方安全区。1938年春，保育会到学校洽谈，光华大学成都分部谢霖副校长答应接收男女难童进入学校初中部学习，其夫人张慧卿担任保育生管理员。保育生毕业后有的考入空军院校，有的考入军事院校和其他大专院校，有的参军奔赴前线抗日①。光华大学成都分部的师生胸怀救国治国之宏伟之志，秉持科学救国和民主救国精神，教学因陋就简，学校弦歌不辍。可歌可泣，可书可记。

特别需要指出的是，光华大学内迁成都后，设文学院、理学院和商学院，其中文学院六系中就包括社会学系。著名的社会学家潘光旦先生曾任社会学系主任、文学院院长。现在虽然缺乏更多的历史档案资料，但西南财经大学社会学学科是与中华民族抗日战争的伟大历史连在一起的，其社会学研究和社会服务在中国社会学史上具有重要的意义。

抗战胜利后，光华大学上海本部恢复，成都分部交由四川省地方接办，1946年更名为私立成华大学，与上海光华大学成为一脉相承的兄弟学校。在1952~1953年的院系调整中，以私立成华大学为基础先后并入西南地区财经院校或综合大学的财经系科，

---

① 中国人民政治协商会议、西南地区文史资料协作会议编《抗战时期内迁西南的高等院校》，贵州民族出版社，1988。

光华大学院系设置沿革表

时间	院系名称
一九二六年	文科：国学系、教育学系、历史学系、政治学系、社会学系、哲学心理学系、英文学系、法文学系、德文学系　理科：物理学系、化学系、生物学系、数学系　商科：银行学系、会计学系、商业管理学系　工科：测量系、绘图系、建筑系
一九三六年	文学院：国文系、教育系、历史系、政治系、社会系、英文系　理学院：数理系、化学系、土木工程系　商学院：银行、会计、经济系

图 1　光华大学创始期和 1936 年发展时期院系设置

光华大学成都分部院系设置表

时间	院系名称		
	文学院	理学院	商学院
一九三八年至一九四六年	中国文学系、教育学系、历史学系、政治经济学系、社会学系	化学系、土木工程系	银行学系、会计学系、工商管理学系、会计专修科

图 2　光华大学成都分部时期院系设置

注：光华大学成都分部沿用光华大学设立的文学院、理学院和商学院，下设 10 个系及一个专修科。

组建西南财经大学的前身——四川财经学院。西南财经大学的光华校区即光华大学成都分部旧址，学校秉持经世济民、孜孜以求的大学精神。

三　光华社会学文库：回到初心再出发

1949 年之后，在地处西南地区的成都，社会学陷入低潮。首先是华西协和大学社会学系合并到四川大学等高校，相关的具有特色的社区社会学研究黯然退场。其次是大学社会福利服务随着新中国的建立，通过政府新福利政策和福利提供形式发生改变。1979 年中国社会学重建后，四川成都的多个高校重建了社会学专业。西南财经大学于 1984 年获批人口学硕士点，1987 年获批人口学二级学科博士学位授权点，1999 年人口学获批四川省重点学科，是国内最早建立人口学学科、获得人口学硕士和博士授权资格的高校之一，涌现出吴忠观、刘洪康等一批全国知名的人口学学者，成为全国人口研究的学术重镇；2008 年在应用经济学下自主设置社会经济学，2008 年获批社会工作本科专业，2010 年获批社会工作硕士专业学位授权点，2011 年获批社会学一级学科硕士学位授权点，2012 年自主设置应用社会学硕士点，2014 年自主设置民俗学硕士点，2018 年获批社会学一级学科博士学位授权点。学校先后成立人口研究所、西部经济研究中心、人文学院、社会工作发展研究中心和社会发展研究院等社会学相关机构。其中，人口研究所成立于 1979 年，1985 年开始招收人口学硕士研究生，1987 年开始招收人口学本科生，1988 年开始招收人口学博士研究生，2000 年被调整至法学院，2006 年被调整至西部经济研究中心，并于 2012 年开始招收社会学硕士研究生。人文学院于 2008 年开始招收社会工作本科生，2013 年开始招收应用社会学硕士研究生，2015 年招收民俗学硕士研究生。社会工作发展研究中心成立于 2007 年 10 月，2009 年开始招收社会经济学硕士研究生，2010 年开始招收社会工作硕士专业学位研究生，2013 年开始在经济保障与社会保险博士点下招收灾害风险管理和灾害社会工作方向博士研究生，2018 年 1 月改为社会发展研究院，2018 年开始招收社会学博士研究生。为进一步促进社会学学科发展，2020 年 7 月学校将社会学相关专业整合到社会发展研究院。研究院秉持整合优势资源、立足西部建设更为完整的社会学学科的思路，新设社会学研究所、人口学研究所、社会政策与社会工作研究所、经济社会学研究所、民俗学研究所，共同研究中国经济社会尤其是社会发展面临的重大理论和实践问题，为中国社会建设和社会治理贡献力量。

西南财经大学有经济学学科优势，金融学人才培养具有明显特色。社会学在这样的大学中发展的确需要探索自己的学术成长道路。经济学和社会学学科实际上有多种学术联系与渊源。从1969 年开始颁发的诺贝尔经济学奖的获得者中，有数位的研究成果跨界整合了经济学和社会学，如阿马蒂亚·森的贫困研究和可行能力研究，加里·贝克对人类相互行为的分析，安格斯·迪顿对消费、贫困和福利的研究，阿比吉特·班纳吉、艾丝特·杜芙若及迈克尔·克雷默在全球反贫困研究中使用的实验型方法等。当经济学需要进行非经济因素影响分析时，社会学无疑是最好的研究合作伙伴。中国社会学也出现跨学科的分支领域，如经济社会学等。1983 年南开大学社会学系与中国社会科学院社会学研究所联合在天津召开第一届经济社会学研讨会。2019 年和 2020 年西南财经大学社会发展研究院和清华大学社会与金融研究中心、中央财经大学社会与心理学院、中国社会科学院社会学研究所联合举办了两届中国社会学会年会金融与民生福祉分论坛等。西南财经大学的社会学学科与综合性大学的社会学学科不同，它在坚守社会学初心的同时，不断寻找和突出自己的内联外合的优势。

西南财经大学社会学学科多年来还形成了基层社会治理研究的特色。社会发展研究院现拥有多个研究中心和基地，包括民政部"中国基层治理研究中心"、四川省人文社会科学重点研究基地西部城乡统筹与社会建设研究中心、民政部社会工作专业人才培训基地、中国社会工作教育协会社会治理与社会工作专委会高质量社会发展科学研究基地等。社会发展研究院与中国家庭金融中心联合开展全国抽样调查，通过规范的问卷调查以及数据分析，建立了首个中国基层治理数据库。社会发展研究院获得了多项基层社会治理研究课题，包括国家社会科学基金"社会工作与灾后社区重建"、联合国儿基会"汶川地震社会工作发展对策研究"、教育部人文社科研究项目"大型自然灾害中政府与非营利组织合作关系研究——以汶川特大地震为例"、民政部招标课题"社会工作在汶川地震中的功能和作用研究"、国家外专局项目"农民集中居住区社区管理模式创新研究"等；成果出版注重灾害社会工作研究、城乡统筹中的社会建设研究、西部民族地区人口发展与反贫困战略研究、基层社会组织研究，为西部地区经济社会跨越式发展提供了高层次的战略规划及决策咨询服务，相关成果水平和团队研究能力在中国西部地区高校中名列前茅。

出版"光华社会学文库"的设想始于 2019 年初。初心是聚集西南财经大学社会学的优势资源，建立一个社会学优秀学术成果发表平台，做成一个具有特色的学术品牌。学院年轻教师部分毕业于国内 985 高校或 211 高校，部分毕业于海外境外高校。他们国际视野开阔，理论与方法训练扎实，在国内一流期刊和 SSCI 期刊发表多篇论文。他们倾尽全力完成的专著创新性强，值得一读。本套丛书第一批包括以下专著：

邓湘树：《自然灾害中的政府与社会组织合作——以汶川特大地震为例》

胡 俞：《人际信任论》

潘彦谷：《亲子、同伴依恋和中学生心理素质》

张琼文：《城乡社区公共服务供给效率》

蒋和超：《孟母"择邻"：中国城市儿童学业成就的邻里效应》

魏真瑜：《从众心理与亲社会行为》

陆毅茜：*Postgraduate Transitions of University Students in Transforming China*

我们计划不断地邀请年轻学者将他们的成果纳入"光华社会学文库"出版，在 2021 年或 2022 年推出"光华社会学文库"第二批。感谢西南财经大学双一流学科建设办公室的大力支持，感谢社会科学文献出版社谢蕊芬等编辑的辛勤工作。

文库主编　边慧敏教授

西华大学党委书记

文库执行主编　彭华民教授

西南财经大学社会发展研究院特聘院长

文库副主编　邓湘树

西南财经大学社会发展研究院副院长

2020 年 10 月 15 日

前　言

　　中国是世界上自然灾害最为严重的国家之一，70%以上的城市、50%以上的人口分布在气象、地震、地质和海洋等自然灾害严重的地区。在过去很长的一段时间内，政府几乎是中国唯一的救灾主体。2008年，汶川发生特大地震，社会组织开始介入大型自然灾害的救助。而在社会组织参与救灾过程中，一个不可避免的问题就是与政府进行合作。因此，为了使社会组织更好地参与灾害救助，研究大型自然灾害状态下政府与社会组织的合作关系就非常必要。

　　政府与社会组织合作进行灾害救助，既有理论依据，又有实践依据。理论依据包括资源依赖理论、志愿失灵理论、治理理论，实践依据包括大型自然灾害发生后救助需求巨大、政府与社会组织进行灾害救助具有各自的优势与不足。尽管政府是救灾的绝对主力，但是由于事发突然，时间紧、任务重，政府需要与民间力量尤其是社会组织合作。

　　政府与社会组织合作的终极目标是加强灾害救助的社会协同和公众参与，从而满足抗震救灾的需求。要达到此目标，关键在于保证社会组织参与灾害救助的依法性、有序性和有效性。政府与社会组织合作的核心任务是营造出一种和谐包容、求同存异的重大灾害救助的社会参与氛围，推动参与灾害救助工作的社会组织做到理性行动、有序参与，最终实现对灾害区域和受灾群众进行有效救助的目标。

汶川特大地震发生后，大量社会组织参与灾害救助，发挥了较为积极的作用，并呈现社会组织多数来自全国各地乃至海外，社会组织与政府配合密切并且优势互补，社会组织服务内容丰富、形式多样等特点。不过，政府与社会组织合作进行灾害救助还存在相关救灾法律法规和政策缺乏社会组织参与灾害救助的具体规定、政府缺乏统一的协调平台和机制、政府对社会组织的日常管理不到位、社会组织的救灾能力有待进一步提高等问题，需要在信息合作、资源合作、项目合作及保障机制等方面进行完善以解决问题。

大型自然灾害状态下政府与社会组织开展信息合作的主要内容包括加强信息交流、保证信息畅通，挖掘灾区需求、促进供需匹配，增强信息监督管理、提升社会公信力；主要形式有"交流式"信息合作、"研讨式"信息合作、"平台式"信息合作。政府在信息合作中的主要职责有提供合作的政策保障、发布有效的灾区信息、加强信息监管。社会组织在信息合作中的主要职责有充分发掘灾区的个性化信息、有效管理社会支持信息、积极发挥信息监督作用。

大型自然灾害状态下政府与社会组织开展资源合作的主要内容包括经费合作、人力资源合作和物资合作；主要形式有"应急性"资源合作、"购买式"资源合作和"平台式"资源合作。政府在资源合作中的主要职责有主导资源提供和协调资源提供。社会组织在资源合作中的主要职责有筹集补充性资源、传递个性化信息、提供专业化服务。

大型自然灾害状态下政府与社会组织开展项目合作的主要内容包括进行需求评估、链接资源、提供专业服务、提供技能与理念培训；主要形式有需求与服务对接、宏观规划与具体实践相结合、硬件项目与软件项目相结合。政府在项目合作中的主要职责有制定总体规划，进行项目定位；搭建项目平台，引入各类社会资源；管理项目进程，监督考核项目质量。社会组织在项目合作中的主要职责有倡导专业理念、提供专业技能、链接社会资源、培育专业人才。

政府与社会组织既然是合作关系，就会保持各自的独立性，不会把社会组织纳入政府体系。目前，在大型自然灾害状态下，政府与社会组织合作面临制度性、能力性和公信力方面的障碍，必须采取相关措施，完善政府与社会组织合作的保障机制，以切实形成大型自然灾害状态下的"党委领导、政府负责、社会协同、公众参与、法治保障"的社会管理工作格局。在制度性保障方面，应设立专门的社会组织管理服务机构、创新社会组织登记管理制度、建立经费保障机制；在能力性保障方面，社会组织应完善自身治理结构、提高筹资能力、增强救灾能力；在公信力保障方面，社会组织应建立公开透明的运行机制，政府应加强监管并引入第三方社会评估机制。

展望未来，要想充分发挥社会组织在大型自然灾害中的作用，就要以全新的理念和创新性的举措推进政府与社会组织的合作。在日益重视社会建设和社会治理创新的背景下，可以借鉴产业链的概念和视角，把公益和慈善视为一个事业链。因此，可以以打造完整公益事业链为视角，采取切实有效的措施，推进大型自然灾害状态下政府与社会组织的合作。一是努力集聚以灾区政府投入为引导、企业投资为主体、公民捐赠为补充的公益资源提供者，二是重点培育以公募基金会为引导、非公募基金会为主体的公益资源集聚者，三是大力发展以民办非企业单位为主体、社会团体为补充的公益资源使用者，四是有机对接以直接受损群体和社会组织成员为普惠面，因灾致残、致贫群体及老年人、青少年、妇女、残障人士为重点人群的公益资源消费者，五是建立健全以孵化、培训、评估、研究为主体的公益事业中介体系。

目 录

第一章　研究综述 ………………………………… 1

　第一节　问题的提出 ……………………………… 1

　第二节　研究目的和价值 ………………………… 6

　第三节　既有研究述评 …………………………… 8

　第四节　研究的基本思路与方法 ………………… 15

　第五节　研究的重点、难点与创新点 …………… 26

第二章　大型自然灾害状态下政府与社会组织合作的理论

　　　　与实践依据 …………………………………… 29

　第一节　政府与社会组织合作的理论依据 ……… 29

　第二节　政府与社会组织合作的实践依据 ……… 36

第三章　大型自然灾害状态下政府与社会组织关系基本

　　　　状况与合作中的问题：以汶川特大地震为例 ……… 65

　第一节　汶川特大地震中政府与社会组织关系

　　　　　基本状况 ……………………………… 65

　第二节　汶川特大地震中政府与社会组织合作

　　　　　存在的问题 …………………………… 77

第四章　大型自然灾害状态下政府与社会组织合作对策（一）：
　　　　　信息合作 …………………………………… 82

第一节　典型案例：汶川特大地震后绵竹市灾后重建公益
　　　　组织联席会议机制 ……………………… 84

第二节　政府与社会组织信息合作的主要内容 ………… 86

第三节　政府与社会组织信息合作的主要形式 ………… 91

第四节　政府与社会组织在信息合作中的主要职责 …… 93

第五章　大型自然灾害状态下政府与社会组织合作对策（二）：
　　　　　资源合作 ………………………………… 97

第一节　典型案例：汶川特大地震中的绵竹市灾后援助社会
　　　　资源协调平台 ………………………… 97

第二节　政府与社会组织资源合作的主要内容 ……… 101

第三节　政府与社会组织资源合作的主要形式 ……… 106

第四节　政府与社会组织在资源合作中的主要职责 …… 108

第六章　大型自然灾害状态下政府与社会组织合作对策（三）：
　　　　　项目合作 ……………………………… 113

第一节　典型案例：汶川特大地震中的方碑村试验
　　　　——住房重建的"一帮一"模式 …………… 114

第二节　政府与社会组织项目合作的主要内容 ……… 116

第三节　政府与社会组织项目合作的主要形式 ……… 118

第四节　政府与社会组织在项目合作中的主要职责 …… 120

第七章　大型自然灾害状态下政府与社会组织合作对策（四）：
　　　　　保障机制 ……………………………… 124

第一节　政府与社会组织合作的制度性保障 ………… 124

第二节　政府与社会组织合作的能力性保障 ………… 126

第三节　政府与社会组织合作的公信力保障 ………… 128

第八章　汶川特大地震后政府与社会组织合作关系的

　　　　新发展 ⋯⋯⋯⋯⋯⋯⋯⋯⋯⋯⋯⋯⋯⋯⋯⋯⋯　131

　　第一节　芦山地震政府与社会组织合作的新探索 ⋯⋯⋯　131

　　第二节　芦山地震政府与社会组织合作经验的

　　　　　　省内应用 ⋯⋯⋯⋯⋯⋯⋯⋯⋯⋯⋯⋯⋯⋯⋯⋯　140

　　第三节　芦山地震政府与社会组织合作经验的

　　　　　　跨省输出 ⋯⋯⋯⋯⋯⋯⋯⋯⋯⋯⋯⋯⋯⋯⋯⋯　144

第九章　完整公益事业链视角下的政府与社会组织

　　　　合作关系 ⋯⋯⋯⋯⋯⋯⋯⋯⋯⋯⋯⋯⋯⋯⋯⋯⋯　146

参考文献 ⋯⋯⋯⋯⋯⋯⋯⋯⋯⋯⋯⋯⋯⋯⋯⋯⋯⋯⋯　153

第一章　研究综述

中国是世界上自然灾害最为严重的国家之一，70%以上的城市、50%以上的人口分布在气象、地震、地质和海洋等自然灾害严重的地区。[①] 1998 年长江流域的特大洪水灾害和沿海地区的台风灾害、2008 年初的冰雪灾害等重特大灾害严重影响了我国经济社会发展和人民的正常生活。尤其是 2008 年 5 月 12 日发生的汶川特大地震，是新中国成立后最严重的一次地震。2010 年 3 月，云南、贵州、广西、四川、重庆等地又发生了百年一遇的特大干旱，受灾人口超过 6000 万。2021 年 7 月 20 日，郑州特大暴雨造成重大人员伤亡和财产损失。因此，不断完善中国救灾管理制度，尽量减少灾害所带来的损失，是中国国家和社会治理的重大任务。

第一节　问题的提出

2008 年 5 月 12 日 14 时 28 分，我国发生了震惊世界的四川汶川特大地震。这次地震震级达里氏 8 级，震中烈度达 11 度，属

[①]　民政部减灾司：《纪念改革开放 30 周年特别专题 减灾救灾 30 年》，《中国减灾》2008 年第 12 期，第 5 页。

主余震型浅源地震，震级高，破坏力度大，是新中国成立以来破坏性最强、波及范围最广、引发的地震次生灾害最严重、救灾难度最大的一次地震灾害。地震波及四川、甘肃、陕西、重庆等16个省区市，灾区总面积44万平方公里，受灾人口4561万人。①

"5·12"汶川特大地震发生后，中国政府②迅速响应，第一时间对全国的人力、物力、财力进行大规模调度，实行对口支援等措施，展示了中国的体制优势和力量。中央政府在汶川地震发生后第一时间调动救援力量，发挥调配资源的优势，成为救灾的主体，在救灾以及灾后重建中起着主导作用。应对巨灾的集权式管理方式，使得政府在政策的及时公布和调整上具有权威性、灵活性及有效性，在统一调配、调动各地政府、企业、媒体等资源上更是具有得天独厚的优势。政府迅速、有效的救援行动，保证了灾情最严重的地方有充足的物资、军队、医疗等。③ 有学者将这种体制称为"举国体制"，并将其定义为"以中国共产党为领导核心，以服务人民根本利益为宗旨，以中央人民政府主导和社会团结和谐为特征，以全国强大物质和精神资源为后盾，依照宪法、法律授权和行政程序，在科学决策与民主决策的基础上，实施全国性的集中统一协调行动的工作体系和运行机制"④。在"生命第一"的共同价值标准下，举国体制彰显出巨大威力。尤其是与2009年1月13日海地地震和2010年2月27日智利地震后政府的救灾情况相比，这种力量更是不可想象的。

---

① 《国务院批转国务院抗震救灾总指挥部关于当前抗震救灾进展情况和下一阶段工作任务的通知》，https://www.gov.cn/gongbao/content/2008/content_1005416.htm。
② 本书中的政府从广义上讲包括中国共产党及民主党派、政府、司法系统、群团组织等体制内的力量，只是为了叙述方便，以下简称"政府"。
③ 师曾志：《公共传播视野下的中国公民社会的发展以及媒体的角色——以汶川地震灾后救援重建为例》，载程曼丽主编《北大新闻与传播评论》（第四辑），北京大学出版社，2009，第15~16页。
④ 叶笃初：《生命第一与举国体制》，《理论导报》2008年第6期，第4页。

面对这场突如其来的巨大灾难，大量境内外社会组织积极行动起来，参与抗震救灾及灾后重建工作，提供有关住房修建、生态环境保护、心理辅导、社会工作、生计帮扶等各类社会服务。[1]在汶川特大地震中，社会组织无论是在反应速度还是在参与的规模和深度上，都是空前的。如果说中国的社会组织在2003年的SARS和2008年初的南方雪灾发生后只有反应没有举措，那么在汶川地震救援过程中其真正行动起来了，几乎是全国性总动员。另外，此次救灾还催生了大量草根社会组织。[2] 2008年5月13日，中国扶贫基金会、中国青少年发展基金会、爱德基金会、中国初级卫生保健基金会、友成企业家扶贫基金会、华民慈善基金会、西部阳光基金会、万通公益基金会、南都公益基金会等多家知名基金会、民间公益组织在北京发起"抗震救灾，十万火急灾后重建，众志成城——中国民间组织抗震救灾行动联合声明"，呼吁社会组织积极响应党和政府的号召，发挥民间组织力量，联合做出反应，共同支援灾区，关注灾后重建。该声明广泛邀请基金会、行业协会、民办非企业单位乃至工商注册的社会组织等各类民间组织参与进来，承诺各自在抗震救灾以及灾后重建过程中的行动方式，并通过媒体向社会公布。参与抗震救灾行动方式由各家机构自主选择并落实。[3] 2008年5月13日，也就是震后第二天，根与芽、攀枝花市东区志愿者协会、石敢当社会发展研究中心以及心露基金会的代表就在共青团四川省委办公室讨论民间团体和个人参与救助灾区的行动方案，并成立了NGO四川地区救灾联合办公室。此后，很多到成都救灾的社会组织都在这里进行联络，一些外地的社会组织把筹集到的物资统一发往此处等待调

① 徐辉：《5·12汶川大地震 NGO联合投入赈灾》，《学会》2008年第5期，第3~4页。
② 萧延中、谈火生、唐海华、杨占国：《多难兴邦——汶川地震见证中国公民社会的成长》，北京大学出版社，2009，第114页。
③ 参见 https://www.gov.cn/2008-05/13/content_971218.htm。

配。NGO 四川地区救灾联合办公室成立当天就有专职人员 16 名、本地志愿者约 30 名、外地志愿者 8 名，每天可调配救灾物资转运车辆 30~35 辆，向灾区输送了大量急需物资。例如，广东狮子会价值千万元的捐赠物资，就是通过 NGO 四川地区救灾联合办公室输送或直接送到受灾群众手中的。① 2008 年 5 月 15 日，四川省社会科学院、成都城市河流研究会、爱白成都青年同志活动中心、大巴山生态与贫困问题研究会等四川各地的民间公益组织及来自北京、陕西、贵州、上海等地的合作伙伴、志愿者团队在成都成立了以"众志成城，抗震救灾，有序参与，有效服务"为宗旨的四川 5·12 民间救助服务中心。该中心为来自各地的民间组织和志愿者团队及社会爱心人士有序参与四川抗震救灾和灾后重建工作提供有效的信息服务和政策分享，定期组织会晤，增进彼此间的认知与了解，推动其相互合作、共同参与救灾工作。② 据四川省民政厅统计，"5·12"汶川特大地震发生后，全省有 6000 多家社会组织直接或间接参与了抗震救灾工作，其中，有 2456 家社会组织共组织 15 万余名志愿者直接参与抗震救灾工作，以及为参与抗震救灾的人员提供生活服务；有 5600 多家社会组织向本组织发出了向灾区募捐的倡议，共向灾区捐赠现金 26.2 亿元，捐赠物资折合人民币 16.6 亿元；有 300 多家社会组织在第一时间组织突击队深入灾区抢救生命、救治伤员、转移安置灾民和向灾区捐赠、运送救灾物资，共帮助抢救伤员 17 万余人，救助灾民 30 万余人，帮助设置灾民转移安置点 32 个，帮助转移灾民 12 万余人，向灾区紧急运送价值 16.6 亿元的食品、水、棉衣被等救灾物资。这些社会组织在抗震救灾及灾后重建中发挥的作用主要体

① "灾后重建过程中的公民社会发育和协商民主探索"课题组：《NGO 在"5·12 汶川大地震"救灾和重建过程中的作用调查报告》，http://prover2000. blog. 163. com/blog/static/1268023482009111602358527。

② 参见 http://www. 512ngo. org. cn/contact. asp? id = 11。

现在：发动社会力量，组织爱心捐赠；奔赴一线，参与救援；发挥行业优势，补充政府力量；提供心理慰藉，重塑重建信心。① 可以说，中国民间救助力量在抗震救灾中发挥了积极作用。② 正是因为社会组织有以上表现，时任民政部社会福利与慈善事业促进司司长的王振耀高度肯定了其作用："从整体上我认为它是起到了半边天的作用。"③ 2008 年 12 月 19 日在北京召开的首届中国社会组织论坛（2008）上，"社会组织积极投入汶川特大地震救援和灾后重建"被列入 2008 年中国社会组织十件大事之一。④ 更有学者认为，中国已进入志愿者元年。⑤

　　国际经验证明，社会组织介入灾后处理，具有热情高、动力足、专业水准高等各方面的优势，可以有效地激发民众的参与热情，加强对政府的监督和制约，从而从整体上提高救灾工作的效率、质量和水平。也正因为这些特点，《汶川地震灾后恢复重建条例》第二条规定，"地震灾后恢复重建应当坚持以人为本、科学规划、统筹兼顾、分步实施、自力更生、国家支持、社会帮扶的方针"；第三条规定，地震灾后恢复重建应当遵循"政府主导与社会参与相结合"的原则；第五条规定，"国家鼓励公民、法人和其他组织积极参与地震灾后恢复重建工作，支持在地震灾后

---

① 黄明全：《弘扬伟大抗震救灾精神，开创社会组织管理工作新局面——在四川省"5·12"抗震救灾先进非营利组织表彰会上的讲话》，http：//www.sc-mz.gov.cn/read.asp?id=3396。
② 宫一栋：《中国民间救助力量在抗震救灾中发挥积极作用》，http：//news.xin-huanet.com/newscenter/2008-05/27/content_8262510.htm。
③ 王振耀：《NGO 组织在地震中起到了半边天的作用》，http：//news.sina.com.cn/c/2008-12-17/150716866693.shtml。
④ 《"中国社会组织论坛（2008）"在人民大会堂举行》，https：//www.gov.cn/gzdt/2008-12/20/content_1183263.htm。
⑤ 徐永光：《2008，中国公民社会元年》，《NPO 纵横》2008 年第 4 期；董伟：《中国已迈进公民社会——首部公民社会蓝皮书发布》，《中国青年报》2009 年 1 月 19 日；朱健刚：《志愿者元年，公民元年》，http：//epaper.nddaily.com/F/html/2008-07/13/content_514299.htm。

恢复重建中采用先进的技术、设备和材料"。①

在紧急救援阶段,大量社会组织涌入灾区,乃至走向了联合,因此出现了不少联合机构。但是在安置阶段,民间组织开始大量撤出,联合机构也开始解体;到灾后重建阶段,剩下的屈指可数,不到50家,联合机构大部分解散了。②

虽然社会组织在参与汶川地震抗震救灾和灾后重建方面取得了令人瞩目的成就,但是目前对各类社会组织参与灾害援助的工作情况缺乏系统深入的研究。究竟有多少家社会组织到灾区提供社会服务?提供了哪些社会服务?提供社会服务的效果如何?如何评价和评估社会组织及工作人员在灾区提供的社会服务?这些社会服务有哪些实践探索和有益经验甚至教训?尤其需要指出的是,在中国的环境中,社会组织在灾区作用的发挥程度从根本上取决于它们如何处理与政府的关系。因此,需要进一步关注和探讨的是,政府对社会组织到灾区服务持何种态度?在社会组织开展服务的过程中,地方政府与社会组织的关系如何?如果灾区的地方政府需要与社会组织合作,那么合作的结合点和主要内容、形式是什么?政府与社会组织各自的职责怎么划分?政府与社会组织合作需要什么保障?这些成为探讨中国社会组织参与救灾工作重要且现实的问题,也是本书需要解决的问题。

第二节　研究目的和价值

汶川特大地震发生后,原生自然环境和社会环境遭到极大破坏,原有的社会功能丧失,家园毁损、邻里缺失、亲人离去、组

---

① 《汶川地震灾后恢复重建条例》,www.gov.cn/zwgk/2008-06/09/content_1010710.htm。
② 邓国胜:《救灾捐款管理机制分析》,社会组织5·12行动论坛暨公益项目交流展示会,北京,2009年8月12日。

织残缺等。重建灾区既需要政府力量的巨大投入，也需要民间力量的积极介入。

一 研究目的

从理论上论述大型自然灾害发生时政府与社会组织合作的必要性和可行性，并以社会组织参与汶川特大地震的紧急救援、临时安置和灾后重建为例，厘清政府与社会组织合作的内容、形式和各自的职责，提出政府与社会组织合作的保障措施，为大型自然灾害发生时政府与社会组织合作提供理论和实践参考。

二 研究的理论价值

第一，探索建立大型自然灾害状态下公共产品特殊供应机制的理论框架。在大型自然灾害状态下，灾区群众的需求巨大，既包括基础设施建设、住房重建等硬件需求，也包括精神慰藉、社会关系网络重建等软件需求。在此情况下，单靠政府或者社会组织的力量，无法很好地满足灾区群众的需求。因此，政府与社会组织如何实现合作，为灾区群众提供各种各样的公共产品，从而满足灾区群众的需求，首先需要在思想认识和理论上进行阐述与论证。

第二，为政府与社会的良性互动提供具有重要参考价值的样本。在我国，政府与社会的关系已经成为分析社会问题的理论框架，而探讨政府与社会的良性互动成为一个热点问题。然而，在现实生活中，关于政府与社会良性互动的典型案例并不多见。汶川特大地震发生后，大量社会组织参与抗震救灾和灾后重建，出现了绵竹市遵道镇志愿者协调办公室和绵竹市社会资源协调办公室等前所未有的政府与社会组织合作平台。政府与社会组织的密切合作何以可能？其共同关注点和契合点是什么？特殊时期政府与社会组织赖以密切合作的基础是否适合正常情况下的政府和社会关系处理，或者说特殊时期的合作经历是否会成为政府与社组织的集体记忆从而可以复制到正常时期明确政府与社会关系的处理？对于上述问题的讨论，可以为一般状态下政府与社会组织之间如何实现良性互动提供有价值的参考。

三　研究的实践价值

第一，为有效应对近年来频繁发生的自然灾害提供理论指导。近年来，国内外发生了许多重大自然灾害，如 2004 年印度洋海啸，2005 年美国路易斯安那州的“卡特里娜”飓风，2008年中国南方冰雪灾害，2008 年四川汶川地震，2010 年海地地震、智利地震、中国青海玉树地震、中国西南地区特大旱灾等。在自然灾害面前，社会组织是一支非常重要的力量。本书将为政府如何引导社会组织参与大型自然灾害救灾和灾后重建提供理论参考。

第二，为我国社会组织的可持续健康发展提供具有现实价值的经验借鉴。相比于国际社会组织，我国社会组织的发展仍处于初级阶段，在经费来源、人力资源、组织能力、社会公信力等方面存在问题。社会组织与政府的合作促进了自身的发展。本书将对社会组织与政府的合作进行经验总结，从而为一般状况下社会组织与政府正确处理两者关系并促进社会组织的发展提供参考。

第三节　既有研究述评

一　关于政府与社会组织关系的理论

美国学者克莱默（Ralph M. Krammer）等人认为，政府与社会组织的关系是根据两者之间的互动领域决定的。一般而言，政府与社会组织的互动领域可分为四个：财政、管制、服务输送与政治性。财政领域的互动包括政府在钱与实物上协助社会组织；管制领域的互动包括服务标准、资格设定；服务输送领域的互动包括信息的交换、转介、咨询、协调与规划、合营等；政治性领域的互动包括倡导与游说活动。① 在此基础上，中国台湾学者吕朝贤把政府与社会组织的互动领域分为目的、规范、资源、供给四个。②

关于政府与社会组织的关系类型，本杰明·吉军（Benjamin Gidron）、克莱默、莱斯特·萨拉蒙（Lester M. Salamon）认为，公共服务由两类不同活动提供，第一类活动是服务的资金筹集和授权，第二类活动是服务的实际提供。虽然政府在动员资源方面具有独特的优势，但并不意味着它提供服务是垄断性的。因此，政府与社会组织之间存在四种基本模式。③ 第一种是政府主导模式。政府在筹集资金和提供服务上扮演了主要角色，社会组织发展的空间很小。第二种是社会组织主导模式。这是一种与政府主导模式截然相反的模式，出现这种模式，要么是因为对政府参与公共服务持极端反对态度，要么是因为政府没有能力提供良好的公共服务。第三种是并存模式。虽然政府与社会组织都筹集资金与提供服务，但领域不一样，要么社会组织提供和政府相同的服务，而服务对象是政府服务没有覆盖到的；要么社会组织提供的服务是政府不能提供的。第四种是合作模式。这种模式下，社会组织与政府共同行动，一般由政府提供资金、社会组织提供实际服务。这其中又包括两种不同模式：一种是"自动售货机"（Collaborative-Vendor）模式，社会组织的自主性很弱；另一种是

① Ralph M. Kramer, Jakon Lorentzen, Willem B. Melief, & Sergio Pasquinelli, *Privatization in Four European Countries：Comparative Studies in Government—Third Sector Relationships*（Armonk, New York：M. E. Sharpe, 1993）.

② 吕朝贤：《非营利组织与政府的关系：以九二一赈灾为例》，《台湾社会福利学刊》2001 年第 2 期，第 39~77 页。

③ Benjamin Gidron, Ralph M. Kramer, and Lester M. Salamon, "Government and the Third Sector in Comparative Perspective：Allies or Adversaries," in Benjamin. Gidron, Benjamin Ralph M. Kramer, and Lester M. Salamon（eds.）, *Government and the Third Sector：Emerging Relations in Welfare State*（San Francisco：Jossey-Bass, 1992）, pp. 1~30；转引自龚咏梅《社团与政府的关系——苏州个案研究》，社会科学文献出版社，2007，第 11~12 页。

"合作伙伴"（Collaborative-Partner）模式，社会组织的自主性较强。吉军、克莱默和萨拉蒙的研究突破了传统的社会组织与政府冲突论，站在了更广阔的视野考察社会组织与政府的关系，在社会组织研究中影响深远。但是他们的理论缺陷在于，这些模式背后的理论逻辑没有被深刻揭示出来。

丹尼斯·杨（Dennis R. Young）从经济学的理性选择模型出发，深化了政府与社会组织关系模式的理论解释。他将两者关系划分为三种模式：补余模式（Supplementary Model）、合作模式（Complementary Model）和冲突模式（Adversarial Model）。补余模式是指，社会组织主要满足政府不能满足的特殊性需求。该模式背后的理论逻辑是公民偏好的异质性，政府往往只能满足一些普遍性、一致性的需求，对于一些特殊需求却无能为力，而这恰恰是社会组织的强项。合作模式是指，社会组织被视为政府的合作伙伴，帮助政府提供主要由政府资助的公共产品。该模式背后的理论支持是公共产品理论，由于公共产品具有非竞争性和非排他性的特点，只有政府能够有效地获取资源以提供公共产品。但是，在服务提供环节，有时选择服务外包是更节约交易成本的做法。由于社会组织与企业运行机制的差异，政府获取社会组织信息的成本和监督成本会低于企业，社会组织是更合适的选择。冲突模式是指，社会组织推动政府改进公共政策、监督政府行为，以保证政府能够对公众负责，而政府通过管制社会组织的活动或服务、回应社会组织的倡导行动来影响社会组织的行为。①

① Dennis R. Young, "Complementary, Supplementary, or Adversarial? A Therorical and Historical Examination of Nonprofit-government Ralations in the United States," in E. T. Boris and C. E. Steuerle（eds.）, *Nonpofits and Government: Collaboration and Conflict*（Washington, D. C.: Urban Institute Press, 1999）, pp. 31 - 67; Dennis R. Young, "Alternative Models of Government-Nonprofit Sector Relations: Theoretical and International Perspectives," *Nonprofit and Voluntary Sector Quarterly* 1（2000）: 149-172; 转引自龚咏梅《社团与政府的关系——苏州个案研究》，社会科学文献出版社，2007，第 11~12 页。

南迦（Adil Najam）概括出四种互动模型：通过相似策略和手段实现共同目的的合作模式（Cooperation），通过不同策略寻求不同目的的冲突模式（Confrontation），偏好不同策略或手段寻求相同目的的互补模式（Complementarily），偏好相似策略但追求不同目的的拉拢收买模式（Co-optation）。[①]中国台湾学者吕朝贤根据政府与社会组织在目的规范、资源、供给方面的互动情况，把政府与社会组织的关系划分为合作、互补、契约、敌对和补充五种（见表1-1）。

表1-1　政府与社会组织的关系模式及其条件

关系形态	互动领域		
	目的规范	资源	供给
合作	O	O	O
互补	O	—	—
契约	—	O	O
敌对	O	X	X
补充	X	X	X

注：O表示互动程度高，—表示互动程度中等，X表示互动程度低。

资料来源：吕朝贤《非营利组织与政府的关系：以九二一赈灾为例》，《台湾社会福利学刊》2001年第2期，第39~77页。

二　社会组织参与汶川特大地震抗震救灾的研究

总体而言，社会组织大规模参与汶川特大地震抗震救灾得到了政府、学者、媒体和社会的肯定[②]。其中，影响比较大的研究

① Adil Najam, "The Four-C's of Third Sector-Government Relations: Cooperation, Confrontation, Complementarity, and Co-Optation," *Nonprofit Management & Leadership* 4 (2000): 375-396.
② 黄明全：《弘扬伟大抗震救灾精神，开创社会组织管理工作新局面——在四川省"5·12"抗震救灾先进非营利组织表彰会上的讲话》，http://www.sc-mz.gov.cn/read.asp?id=3396；宫一栋：《中国民间救助力量在抗震救灾中发挥积极作用》，http://news.xinhuanet.com/newscenter/2008-05/27/content_8262510.htm。

主要有由中国扶贫基金会组织编写的"'5·12'行动启示录：汶川大地震社会响应研究丛书"，这套丛书对社会组织参与抗震救灾进行了比较全面的研究。[①] 另外，民政部委托西南财经大学与四川省民政厅于 2009 年 7~8 月对到汶川大地震 10 个极重灾县（市、区）和 29 个重灾县（市、区）开展服务的社会组织进行了调查。这次调查侧重于了解社会组织开展服务的基本情况，主要对社会组织开展社工服务的情况进行了深入探讨。徐辉认为，社会组织对灾难回应的新特色主要有社会组织整体联动、拓宽公众参与渠道、接受捐赠的主题更广等特点。[②]

但是，大量社会组织在参与灾后重建过程中存在法律地位不明确、经费支撑不足、组织整体能力薄弱、缺乏长期规划、管理监督与协调性差等问题[③]。比如，深圳社工文县工作站在开展服务过程中面临的问题有：在深圳抗震救灾援建体系中的定位不明确，社工步履艰难；社工在当地政府灾后重建体系中的定位不明确，身份尴尬；轮换式的人才调用机制对前线社工工作不利；资金问题；社工工作站、市慈善会（或其他援建机构）、文县政府没有明确的办事程序；社工站爱心资源渠道略显单一。[④] 因此，社会组织在信任度、宣传力度、信息披露程度等方面尚有进一步

①　此套丛书由北京大学出版社出版，包括邓国胜的《响应汶川——中国救灾机制分析》，韩俊魁的《NGO 参与汶川地震紧急救援研究》，郭虹、庄明等的《NGO 参与汶川地震过渡安置研究》，张强、余晓敏等的《NGO 参与汶川地震灾后重建研究》，萧延中、谈火生、唐海华、杨占国的《多难兴邦——汶川地震见证中国公民社会的成长》，朱健刚、王超、胡明的《责任·行动·合作——汶川地震中 NGO 参与个案研究》，张强、陆奇斌、张欢等的《巨灾与 NGO——全球视野下的挑战与应对》。

②　徐辉：《5·12 汶川大地震　NGO 联合投入赈灾》，《学会》2008 年第 5 期，第 3~4 页。

③　陈光：《非政府组织在灾后重建中的作用：问题与对策》，http://www.512forum.org/jzzsk/html/gmshfy/6689.html。

④　《中国社工介入灾后重建工作模式之探析——以深圳社工文县工作站为例》，http://www.cncasw.org/ztbd/tjzhsgfwjgjs/tpxw/200905/t20090521_8873.htm。

提升的空间。①

　　针对非政府组织在汶川大地震灾后重建过程中存在的问题，陈光提出了具体对策：逐步建立健全有关非政府组织的法律法规体系；建立救灾应急召集机制，能够在灾后迅速有效地召集整合非政府组织等社会资源；坚持以政府为主导的原则，正确定位政府与非政府组织的关系，进行合理分工；加强对非政府组织尤其是非政府组织资金募集和使用的监督管理；建设有关公共信息平台，建立各非政府组织分工协调与资源整合机制；非政府组织应积极做好自身建设工作；非政府组织应制订科学周详的参与重建工作计划，并拟定有序退出机制；各类非政府组织应加强对灾区民众自救能力的培养②。韩俊魁和纪颖则认为，社会组织应通过公信力建设开拓慈善市场，同时注意公益品牌的宣传，加强对志愿者资源的开发和培育，而政府应尽快出台具体措施，帮扶积极参与救灾的社会组织并通过购买服务等方式建立社会组织参与灾后重建机制。③

　　因此，探索我国现行社会组织管理体制的创新性突破，加强灾后重建过程中社会组织的监督管理、协调机制、整合机制、组织自身的能力建设、提升服务能力及水平等，成为当前政府促进和引导社会组织发展的重要方向。

三　汶川特大地震抗震救灾中政府与社会组织关系的研究

　　当大型自然灾害来临时，政府与社会组织各有各的优点和不

---

① 韩俊魁、纪颖：《汶川地震中公益行动的实证分析——以 NGO 为主线》，载清华大学公共管理学院 NGO 研究所主办《中国非营利评论》（第三卷），社会科学文献出版社，2008，第 1 页。

② 陈光：《非政府组织在灾后重建中的作用：问题与对策》，http://www.512 fo-rum. org/jzzsk/html/gmshfy/6689. html。

③ 韩俊魁、纪颖：《汶川地震中公益行动的实证分析——以 NGO 为主线》，载清华大学公共管理学院 NGO 研究所主办《中国非营利评论》（第三卷），社会科学文献出版社，2008，第 22~23 页。

足。政府是救灾的主导力量，其必须从整体和宏观角度大规模调动资源及控制局势，担当强有力的协调者。但政府不是万能的，在灾害特别是巨灾面前，无法做到面面俱到。社会组织因为具有行动迅速、专业性强、工作细致、主动参与、创新空间大等特点[1]，往往能有力地配合政府的大规模紧急救助，并成为灾后建设的一支生力军。对这一问题的反思意味着，政府对社会组织参与救灾要持开放的心态。[2] 要让政府、市场、社会三大领域共担风险，政府与社会组织应该相互合作和互补。[3] 在汶川特大地震发生后，政府与社会组织进行了广泛合作，地震这一巨大灾难扮演了"第三方"角色。[4] 褚松燕等认为，汶川特大地震的发生，在某种程度上成为启动中国新型风险共担机制的钥匙。[5] 相应地，未来的发展应以合作伙伴关系为轴心、以危机治理过程为切入点进行制度建构，完善汶川特大地震中已显雏形的合作治理关系。[6]

关于在灾后重建过程中政府与社会组织的具体合作关系模式，孟李娜提出了"社会组织-项目-政府"模式、"社会组织-建议（智力支持）-政府"模式、"社会组织-协议-政府"模式、"社会组织-监督-政府"模式等。[7] 林闽钢和战建华分析了汶川特大地震发生后社会组织及其管理的特点及存在的问题，并以国

---

[1] 王启友：《抗震救灾凸显 NGO 与政府的协同性问题》，《成都行政学院学报》2008 年第 3 期，第 4~6、36 页。

[2] 赵继成：《NGO 问题研究专家贾西津：政府对 NGO 要有开放心态》，《新京报》2008 年 5 月 31 日。

[3] 《抗震救灾 NGO 在行动——民间组织的专业服务成为政府有力补充》，《南方都市报》2008 年 5 月 24 日。

[4] 萧延中、谈火生、唐海华、杨占国：《多难兴邦——汶川地震见证中国公民社会的成长》，北京大学出版社，2009，第 240 页。

[5] 褚松燕、李长安、曾金胜：《新型风险共担机制优势凸显——政府救助与民间救助如何对接》，《人民论坛》2008 年第 11 期，第 18~19 页。

[6] 王逸帅：《合作治理：危机事件中政府与社会组织新型关系的构建——以汶川地震危机应对实践为例》，《湖北社会科学》2012 年第 12 期。

[7] 孟李娜：《汶川特大地震灾后重建 NGO 与政府合作模式》，《宜宾学院学报》2008 年第 11 期，第 97~99 页。

家和社会相互增权为视角，基于"强政府、弱社会"的情况，主张建立政府与社会组织之间的庇护型关系。① 陶鹏和薛澜提出建立政府与社会组织应急管理伙伴关系的四种模式：补充、替代、互补和疏离。② 陆雅婷和黄沛探讨了政府与社会组织的整合型危机管理，即政府、市民社会、企业、国际社会和国际组织之间的伙伴协作关系，强调建立一种统一领导、分工协作、利益共享、责任共担的危机管理机制。在这一思路下，作者提出了公共危机中政府与社会组织联动的战略导向，通过互动、补充、整合实现联动效应。③

　　通过以上研究可以发现，已有研究要么对社会组织在抗震救灾中的作用进行单方面的论述，要么对在大型自然灾害发生后政府与社会组织合作的必要性和一些基本原则、形式进行探讨，而对于两者在哪些方面可以合作，通过什么形式合作，以及在合作时会遇到什么问题、各自的职责有哪些、采取什么措施保障合作，则缺乏研究。因此，本书不仅论述了大型自然灾害状态下政府与社会组织合作的必要性，而且探讨了两者合作的具体内容、各自的职责和保障措施，为实践提供理论参考。

第四节　研究的基本思路与方法

一　基本概念界定

1. 灾害

　　一般认为，灾害可以分为四种：一是自然灾害，又称"天

---

① 林闽钢、战建华：《灾害救助中的 NGO 参与及其管理——以汶川地震和台湾 9·21 大地震为例》，《中国行政管理》2010 年第 3 期。

② 陶鹏、薛澜：《论我国政府与社会组织应急管理合作伙伴关系的建构》，《国家行政学院学报》2013 年第 3 期。

③ 陆雅婷、黄沛：《互动·补充·整合——公共危机中政府与 NGO 联动的战略导向》，《企业研究》2008 年第 8 期，第 57~58 页。

灾"，如飓风、地震、洪水等；二是技术性灾害，如化学泄漏、房屋倒塌、矿难等，这些灾害常常和人为错误紧密相连；三是复杂性灾害，如恐怖主义、武装冲突等，这类灾害常常源于人们制造灾害的企图；四是社会灾害，如艾滋病蔓延、长期贫苦、种族主义、性别主义、社会上的不平等及没有关注到的社会问题。[①]灾害的冲击力极强，影响范围极广，即便那些只通过电视观看灾害的人，也有可能遭受创伤。灾害最大的特征是紧急性、不确定性和对社会造成的恐慌。除此之外，灾害还有一系列特质，如表1-2所示。

表1-2 灾害的特质

灾害的特质
• 这一过程包括事件、民众和社区
• 公众的损失和私人的哀痛
• 超出平常的经验
• 超出应对的能力
• 搅乱并打破了日常生活
• 很有压力和冲击力的经验
• 打破了社会联系
• 可以将人们从过去生活的力量源泉和对未来的希望中割裂

2. 大型自然灾害

自然灾害是指给人类生存带来危害或损害人类生活环境的自然现象，包括洪涝、干旱灾害，台风、冰雹、暴雪、沙尘暴等气象灾害，火山喷发、地震灾害，山体崩塌、滑坡、泥石流等地质灾害，风暴潮、海啸等海洋灾害，森林草原火灾和重大生物灾害等自然灾害。[②] 大型自然灾害，是指影响范围广、破坏力大的自然灾害。本书的研究不包括人为因素造成的紧急状态。

[①] 北京师范大学：《汶川地震灾区社会工作参与灾后恢复重建五年发展报告及规划》，2011年3月，第6页。
[②] 此处借鉴的是《国家自然灾害救助应急预案》中关于自然灾害的定义。

3. 社会组织

关于社会组织的定义有很多，理论界引述较多的是萨拉蒙等发展的定义，他们认为，社会组织应该具备组织性、私立性、非利润分配性、自治性、志愿性五个特征。[①] 我国官方的称谓"社会组织"，是对传统的非政府组织、非营利组织、第三部门或民间组织等称谓的改造。[②] 根据我国现有法规，社会组织包括社会团体（狭义）、基金会和民办非企业单位等。社会团体是一种基于一定社会关系形成的会员制组织，具有以人及其社会关系为基础的特点；基金会是一种基于一定财产关系形成的财团性组织，具有以财产及其公益关系为基础的特点；民办非企业单位是指那些由民间出资成立的各种社会服务机构，它们与社会团体、基金会的主要区别在于，其是一种直接提供各种社会服务的实体性机构。[③]

在灾区，除了中国红十字会、中华慈善总会等依托政府的社会组织外，本土社会组织的数量较少，而中国红十字会、中华慈善总会与当地政府基本上属于同一体制，因此本书的研究主要包括四类从外地到灾区服务的社会组织。第一类是具有政府背景的社会组织。根据在救灾地位中的不同，这类社会组织又可分为两种：一种是红十字会、慈善总会系统，另一种是具有其他官方背景的社会组织，如中国青少年发展基金会、中国扶贫基金会等公募基金会，中国社会工作协会、中国社会工作教育协会等行业协会。第二类是以企业背景为主的非公募基金会，如友成企业家乡村发展基金会、南都公益基金会等。第三类是自下而上产生的民

① 莱斯特·M. 萨拉蒙、S. 沃加斯·索可洛斯基等：《全球公民社会——非营利部门国际指数》，陈一梅等译，北京大学出版社，2007，第 12~13 页。

② 李学举：《用十七大精神统一思想，充分发挥社会组织在现代化建设中的重要作用》，《中国社会报》2007 年 11 月 23 日。

③ 王名：《民间组织的发展及通向公民社会的道路》，载王名主编《中国民间组织 30 年——走向公民社会（1978—2008）》，社会科学文献出版社，2008，第 4 页。

间公益组织, 如 NGO 备灾中心、野草文化传播中心 (成都) 等。第四类是海外社会组织, 如国际小母牛组织。

4. 合作关系

就政府与社会组织的合作关系而言, 已有文献的描述有很多, 但其意义最为混杂。如萨拉蒙认为, 政府与社会组织的伙伴关系特色就是政府与社会组织共同合作解决社会问题, 由政府出资, 社会组织做服务输送工作①; 而南迦 (Najam) 则将合作关系定义为, 社会组织与政府有同样的政策目的, 并采用同样的手段达到目的②; 科斯顿 (Coston) 认为, 合作关系有两部门在信息上分享、社会组织遵从政府的规则、政府对社会组织比较中立以及政府认同社会组织的作为但不一定主动地支持等特点③。本书认为, 所谓合作关系, 是指政府与社会组织为了满足救灾的共同需要, 在信息、资源与项目等方面进行的合作。

二 研究对象

据统计, 汶川特大地震发生后, 到灾区开展抗震救灾工作的社会组织共有 300 多家, 本研究选取 10 个集中灾县尤其是社会组织参与抗震救灾较多的汶川县、北川县、绵竹市为研究对象, 选择参与汶川特大地震紧急救援、过渡安置和灾后重建的国际小母牛组织、中国扶贫基金会、NGO 备灾中心、中国企业社会责任同盟、伊甸社会福利基金会、四川蜀光社区发展咨询服务中心、野草文化传播中心、四川 5 · 12 民间救助服务中心、大邑县巴地草

---

① Lester M. Salamon, "Government-Nonprofit Relations in International Perspective," in E. T. Boris and C. E. Steuerle (eds.), *Nonprofits and Government: Collaboration and Conflict* (Washington, D. C.: Urban Institute Press, 1999), pp. 329–367.

② Adil Najam, "The Four-C's of Third Sector-Government Relations: Cooperation, Confrontation, Complementarity, and Co-Optation," *Nonprofit Management & Leadership* 4 (2000): 375–396.

③ Jennifer M. Coston, "A Model and Typology of Government-NGO Relationships," *Nonprofit and Voluntary Sector Quarterly* 3 (1998): 358–382.

社会工作服务中心、阿坝藏族羌族自治州藏羌科技扶贫开发协会、北京绿十字、福幼基金会、壹基金、友成企业家扶贫基金会、南都公益基金会、香港浸会大学－西南财经大学任家坪社工站、无国界医生等 30 家在地区来源、社会背景、关注议题、组织运作等方面比较有代表性的社会组织作为具体的研究对象。同时，本研究重点考察了绵竹市遵道镇志愿者协调办公室、绵竹市社会资源协调平台以及参与绵竹灾后重建公益组织联席会议机制等社会组织与政府合作进行抗震救灾和灾后重建的具体案例。

三　研究的基本思路

本书从理论和实践两个方面论述大型自然灾害发生时政府与社会组织合作的必要性及可行性，分析政府与社会组织面对大型自然灾害时各自的优势和劣势，并以社会组织参与汶川大地震的紧急救援、临时安置和灾后重建为例，分析汶川大地震中政府与社会组织合作存在的问题，厘清政府与社会组织合作进行灾害救助的内容、形式及各自的职责，探讨政府与社会组织顺利合作的保障措施，为大型自然灾害发生时政府与社会组织实现合作提供理论指导和实践参考。

（一）政府与社会组织合作关系的总体目标

汶川特大地震发生后，社会力量动员极为迅速，大量社会组织和志愿者纷纷向地震灾区一线汇集，这使得如何汲取和动员社会力量参与抗震救灾面临着三个方面的重要挑战。

1. 有序

自"5·12"汶川特大地震发生以来，民间抗震救灾力量如何与党政部门紧密配合、协调合作成为一个重要问题。地震发生之后，因各路救援力量盲目涌向灾区，抗震救灾紧急救援一时出现秩序混乱的局面。一是"5·12"汶川特大地震后，据有关部门估计，各省份进入四川灾区服务的志愿者超过 10 万人，四川各地（包括灾区与非灾区）参与灾区服务的志愿者超过 100 万人。① 由于志愿者数量庞大，仅对他们进行协调和管理就是一个巨大的挑战。尤其是地震发生后的前两天，大量社会组织和志愿者蜂拥而至，有的还自发驾车前往灾区抗灾，造成交通拥堵，导致通往灾区的生命通道运行困难，伤者出不来，救援进不去，相关部门不得不实行交通管制，以免给救援工作造成不必要的麻烦。2008 年 5 月 26 日，四川有关部门在感谢志愿者的同时，恳请志愿者另择时机再来，团中央也希望志愿者不要盲目前往灾区。② 而 2008 年 8~9 月，在灾区仍然需要大量志愿者的情况下，灾区志愿者开始大量退出。③ 由于当时我国的社会组织和志愿文化建设与志愿者培养机制尚不完善，在大型自然灾害发生时如何动员、使用和管理社会组织与志愿者，如何让更多社会组织有序、有效地参与赈灾活动，就成为摆在政府面前的重大现实课题。二是很多社会组织和志愿者没有救灾经验，到达灾区后不能充分发挥作用，甚至有的志愿者成为救助对象④。一些社会组织和志愿者对自身能力缺乏事前评估，真正到了灾区一线才发现很难有所作为。很多志愿者到达灾区后无法找到发挥作用的途径，反而给当地造成接纳困难，有的连自身的食宿都成问题，甚至连回家的路费都需要当地政府资助，反倒成为救灾的"负担"。同时，社会组织和志愿者⑤素质存在良莠不齐的问题，极少数动机

① 谭建光：《汶川大地震灾区志愿服务调查分析》，《中国党政干部论坛》2008年第 7 期。
② 蓝煜昕：《汶川地震文献综述》，载清华大学公共管理学院 NGO 研究所主办《中国非营利评论》（第三卷），社会科学文献出版社，2008，第 53 页。
③ 徐永光：《迎接基金会与草根 NGO 合作时代的到来——NGO 512 救灾重建行动的启示》，http://naradafoundation. blog. sohu. com/116940073. html。
④ 《不少救灾志愿者由于盲动沦为救助对象》，http://news. sohu. com/20080515/n256862915. shtml。
⑤ 由于个别志愿者的行为存在不妥之处，许多人都认为不能将他们称为"志愿者"，最多可称为"爱心人士"。

不良的组织或个人打着"爱心救灾"的名号在灾区散播谣言、制造混乱。三是政府抗震救灾机制对社会公众参与救灾准备不足，导致无法有序协同民间抗震救灾力量。这固然存在社会组织和志愿者自身的组织问题，但同时暴露出救灾体系没有为社会组织和志愿者参与救灾提供足够的空间。① 其中既包括一些基层政府官员对社会组织缺乏信任，也包括一些相关职能部门的对接协同机制存在不足。②

2. 有效

对于社会组织参与抗震救灾能否真正发挥作用，信息沟通和共享的机制与水平尤为关键。在汶川特大地震紧急救援阶段一度出现信息沟通失灵的情况。一是社会组织和志愿者的组织化程度不高、专业化能力不足，尤其是一些临时成立的草根组织及其志愿者。中国的社会组织大多缺乏救灾经验，也缺乏相应的培训和准备，导致其救灾的专业化能力不足。二是社会组织如何与灾区的需求有效衔接。不同社会组织和志愿者的专业技能、特长优势、资源禀赋各有不同，这就使得如何与灾区、灾情、灾民的需求实现有效匹配和对接甚为关键。显然，灾民的需求是差异化的，这就要求救援服务必须有针对性。三是社会组织之间的信息传播和获取不对称，导致彼此之间缺乏有效的沟通、协调和合作。从汶川特大地震抗震救灾第一阶段来看，一些社会组织之间的合作程度不够，合作网络不畅。不同社会组织孤军作战，组织与组织之间缺乏有效的资源整合，导致救灾过程中浪费大量资源。由于明星灾区效应，有的灾区和单位得到的资源过多，有的灾区则基本没有社会组织提供服务。

---

① 俞雅乖：《补充与合作：民间组织参与灾后农村公共服务供给的模式创新》，《科学决策》2009年第10期，第112~116页。

② 孙晔：《四川省5·12抗震救灾指挥部要求统一协调志愿者工作》，《中国青年报》2008年5月22日。

3. 有力

汉川特大地震发生后，社会组织获得空前的发展，要想最大限度地动员、引导社会力量参与抗震救灾，发挥政府、企业和社会三方力量的最大合力效应，就要建立健全社会协同和公众参与机制。一是政府部门和社会组织之间的协同合作机制。长期以来，政府与社会组织之间的良性互动和合作机制较为匮乏。比如，在汉川特大地震救援中，震中地区部分乡镇干部起初对社会组织表现出较强的排斥态度，并声称不会主动和社会组织接触，因而很难开展合作。二是以企业部门为代表的其他社会群体与社会组织之间的协同合作机制。各类社会群体大多具有参与抗震救灾的意愿，如企业部门参与抗震救灾就是其履行社会责任的重要内容。同时，社会组织开展各类活动的基础是回应社会需求。因此，以企业部门为代表的其他社会群体与社会组织间的协同合作对于发挥各自优势、更有力地参与抗震救灾至为关键。三是社会组织尤其是不同类型社会组织之间的协同合作机制，如基金会与社会团体、各类社会组织与志愿者之间的协作、匹配和对接等。显然，仅仅依靠政府或者三方各自为政，无法发挥最大效应，反而容易导致管理混乱。一个真正高效的灾害救援体系应包括政府、企业和社会组织等，并主导三者整合协调、良性互动的机制安排，其中，不同部门的责任边界和协同方式也是一个动态调整的过程。

政府与社会组织合作的终极目标是加强灾害救援的社会协同和公众参与，从而满足抗震救灾的需求。据此，政府与社会组织合作的目标可以分为三个：一是保证社会组织参与灾害救援工作的依法性，规范社会组织在相关法律法规的框架内参与灾害救援工作；二是保证社会组织参与灾害救援工作的有序性，采取多种措施，促使社会组织有秩序地参与灾害救援工作；三是提高社会组织参与灾害救援工作的有效性，采取多种措施，激发社会组织参与灾害救援工作的热情，帮助参与灾害救援工作的社会组织充分发挥作用。

通过以上分析可以发现，"5·12"汶川特大地震抗震救灾中民间社会力量参与，不仅暴露了救灾社会管理服务工作存在的一些问题和不足，而且凸显了建立健全社会协同和公众参与机制已成为中国社会发展的必然趋势。唯有如此，才能将抗震救灾工作做得更好。

（二）大型自然灾害发生时政府与社会组织合作的必要性和可行性

在大型自然灾害状态下，灾区群众的需求巨大。面对大型自然灾害，政府与社会组织各有各的优点和不足。这时，单靠政府或者社会组织的力量无法很好地满足灾区群众的需求。因此，我们需要分析政府与社会组织各自的优势和劣势，从而阐明两者合作的理论基础和实践依据。

（三）"5·12"汶川特大地震中政府与社会组织关系的总体分析

在分析149家（根据笔者调研所得数据）社会组织参与汶川特大地震抗震救灾总体情况的基础上，概括社会组织参与抗震救灾的主要特点，对汶川特大地震中政府与社会组织的关系作出分析。

（四）政府与社会组织合作的主要内容、主要形式及主要职责

从大型自然灾害状态下政府与社会组织合作的目标可见，政府与社会组织合作的核心任务是营造出一种和谐包容、求同存异的重大灾害救援社会参与氛围，推动参与灾害救援工作的社会组织做到理性行动、有序参与、合作共赢，最终实现有效救援灾害区域和受灾群众的目标。

1. 信息合作

信息是当今社会的珍贵资源。在大型自然灾害发生后，信息的及时、准确送达，对挽救灾区民众生命、挽回国家及民众财产损失有着至关重要的作用。政府具有健全的组织网络，掌握着大量信息，但由于自然灾害发生后通信中断，其在工作中难免有盲区和遗漏。虽然社会组织没有掌握大量信息，但其具有灵活性，可以在信息方面为政府提供一些补充。所以，政府与社会组织合作的第一个方面就是信息合作。政府发布信息可以为社会组织提供总体的灾情判断和具体的救灾指导，社会组织则可以为政府提供一些其暂时没有覆盖的灾害区域的情况，为政府救援提供信息支持。

2. 资源合作

当大型自然灾害发生时，由于受灾人群众多，损失惨重，灾区需求巨大。在这种情况下，政府虽然掌握了很多资源，但无法完全满足救灾的需求，需要动员社会力量参与救灾。社会组织由于掌握了一定的人力资源（尤其是志愿者）、资金资源和物资资源，能够作为政府救灾的补充。

3. 项目合作

政府与社会组织还可以进行项目合作。政府与社会组织各自发挥优势，共同整合资源，通过项目化的运作方式进行灾害救助。

（五）政府与社会组织合作的保障体系

1. 制度性保障体系

制度性保障是政府与社会组织合作救灾的基础。建立政府与社会组织在大型自然灾害状态下的合作关系及长效机制，关键是在制度层面为政府与社会组织合作提供保障。而社会组织在灾后重建中能起多大作用，关键在于制度化建设。

2. 能力性保障体系

政府与社会组织合作的一个基本前提是，社会组织有一定的规模和足够的能力承接政府委托的项目。我国大多数社会组织都没有救灾经验，亟须加强社会组织在资源动员能力、协调整合能力、项目管理能力等方面的建设，使其在资金筹集、项目设计、项目运作以及项目后期评估方面了解服务对象需求，从而有力、有序、有效地参与灾后重建工作。

3. 公信力保障体系

从某种程度上讲，社会公信力是社会组织生存和发展的社会基础。实践证明，社会公信力发展不仅关系到社会组织获取社会资源的数量，还关系到它能否成为政府在救灾合作中的真正伙伴。一般来说，社会组织从事的是社会公益和慈善活动，获得的各种资源主要来自爱心捐赠，因此，财务支出应该公开透明。救灾具有特殊性，对财物的公开要求更高。可见，救灾时社会组织公信力不足已经成为制约其发挥社会效能的一个重要因素。

四　研究方法

1. 定性研究与定量研究相结合

本研究一方面进行定量研究，通过问卷调查收集资料，用可检验的经验材料说明在汶川特大地震中政府与社会组织的关系状况；另一方面通过实地调查进行定性研究，深入灾区基层，通过全面、直接的观察和非结构访谈方式与社会组织工作人员、相关政府部门干部进行沟通交流，收集大量的一手资料。

2. 案例研究法

本研究重点考察汶川特大地震后出现的绵竹市遵道镇志愿者协调办公室、绵竹市社会资源协调平台以及参与绵竹灾后重建公益组织联席会议机制等政府与社会组织合作进行抗震救灾和灾后重建的具体案例，分析其具体做法以及存在的问题，并上升到政府与社会组织合作的一般理论和机制层面进行探讨。

第五节　研究的重点、难点与创新点

一　研究的重点

本书的主要目的是，从理论上论述大型自然灾害状态下政府与社会组织合作的理论依据和实践依据，并以社会组织参与汶川特大地震救助的实践为例，厘清政府与社会组织合作的主要内容、主要形式和主要职责，提出政府与社会组织顺利合作的保障措施，为大型自然灾害状态下政府与社会组织实现合作提供理论指导和实践参考。因此，本书有以下重点内容。

1. 政府与社会组织合作的必要性

大型自然灾害状态下，政府与社会组织为什么要进行合作？有哪些理论支持政府与社会组织合作？政府与社会组织在实践上进行灾害援助时各有什么优势和劣势？政府与社会组织能否形成互补？

2. 政府与社会组织合作的主要内容、主要形式与主要职责

以 "5·12" 汶川特大地震中政府与社会组织合作的案例为参考，对我国政府与社会组织如何搭建合作平台，如何在信息、资源、项目等方面实现合作及合作形式进行阐述。

3. 政府与社会组织合作的保障措施

总体而言，我国政府与社会组织合作仍面临着发生大型自然灾害时缺乏可操作性的法律法规及相应的制度支撑，社会组织能力不足、公信力有待提高等问题。因此，本书将在政府与社会组织合作的制度性、能力性和公信力等方面展开探讨，讨论如何为两者顺利实现合作提供保障。

二　研究的难点

1. 研究对象的确定和研究的信度问题

本书的研究难点之一，是选择研究对象并获得他们的支持和配合，以获得具有高信度和效度的研究资料。笔者之前已经在灾区开展了许多研究，与灾区的社会组织建立了良好的社会关系，这为寻找和确定合适的研究对象创造了条件。另外，本书还进行了多元化的资料对比（对受灾民众、社会组织工作人员以及灾区干部等的访问资料进行对比），并比较了此项研究和以往研究结果，以确保本书资料的信度。

2. 大型自然灾害发生时政府与社会组织的信任问题

大型自然灾害发生时，政府与社会组织相互信任是两者进行合作的必要前提。但由于种种原因，政府有些部门对社会组织参与的重要性认识不足，虽然很多救灾的法律法规在原则上有社会组织参与救灾的规定，但大多缺乏可操作性。因此，如何让政府对社会组织有更多的信任，进而认识到引导社会组织参与救灾的必要性，把社会组织纳入政府救灾体系并给予其各种支持，就成为本书的研究难点和重点之一。

三 研究的创新点

1. 研究领域的创新

本书系统全面地整理和构建了政府与社会组织合作开展灾害救援及灾后重建的基本框架，对政府与社会组织合作开展灾害救援和灾后重建的基本范畴进行了基本层面的界定，填补了国内在这一方面的空白。

2. 研究内容的创新

本书发展政府与社会组织合作开展灾害救援和灾后重建的基本分析框架，并作为社会组织参与灾害救援和灾后重建的评估及研究工具。

3. 研究方法的创新

本书的实证研究主要采用了社会学研究方法中的扎根理论，此方法主张理论必须扎根于实地收集和分析的资料，即从经验资

自然灾害中的政府与社会组织合作

料中抽取新的思想和观点，特别是有关人们的行动、互动和社会历程。基于社会组织参与灾害救援和灾后重建的相关理论比较缺乏这一现状，本书应用新颖的扎根理论，边研究实践，边总结经验并提炼理论，以期构建新的理论框架。

第二章 大型自然灾害状态下政府与社会组织合作的理论与实践依据

在应急状态下，由于任务的突发性、紧急性，政府很难完全满足救灾的需要。只有与社会组织合作，政府才能顺利地推进灾后重建。在自然灾害救助工作中，政府与社会组织在社会动员的主体、形式和效果等方面存在明显差异。这既需要以政府为主导，充分利用政府社会动员（利用政府的力量动员体制内的资源），又需要民间力量的协助，利用民间社会动员（面向市场和社会对自由流动的资源进行各种形式的动员）整合各种资源。

第一节 政府与社会组织合作的理论依据

一 资源依赖理论

1. 概念

所谓资源，是指资金、技术、人才、信息、原材料、市场准入、政策支持、社会关系等。这些资源对组织的运营、战略的制定与执行至关重要，是组织生存和发展的物质基础。资源依赖理论关注组织如何依赖外部环境中的关键资源维持生存、发展和实现目标。其基本假设是，任何组织都无法生产自身需要的所有资源，唯有依靠与其所处环境中的其他组织的交换或交易，才有可能获得生存或实现其目标。[①] 组织必须在所处的环境中通过交换、交易或是权力的控制关系等形式获取生存所需的资源，而这些资源往往由其他组织掌控，从而与其他组织产生依赖关系。这种关系可能是竞争性的（如竞争对手争夺相同的资源），也可能是合作性的（如供应链上的协作关系）。资源是权力的基础。拥有稀缺、难以替代资源的组织，在与其他组织的互动中拥有更高的谈判地位和更大的影响力。一个组织对另一个组织的权力大小，与其对后者掌握资源的依赖程度成正比。组织会通过各种手段（如联盟、并购、战略调整等）减少对关键资源的依赖或增强对资源的控制力，以降低权力不对等带来的风险。因此，组织的领导者必须赋予组织一种理性而有效的结构形式，以掌握环境中输入和输出的资源，并通过权力的运作影响和掌控组织的资源来确保组织的生存。资源依赖理论认为，组织的成功取决于其在市场上获得更多的网络和更大的权力；组织对外部资源的依赖越小，受到的市场干扰和限制就越小；组织权力源于资源的获得情形，因此组织必须和外部环境进行互动、交换以获取资源，进而扩增自身的权力。[②]

　　萨德尔（Saidel）认为，政府与社会组织之间并不完全是单方面的服从关系，而是相互依赖的关系，这是因为它们都掌握着某些重要资源。[③] 萨德尔的描述是静态的政府与社会组织的资源依赖关系（见图2-1）。

① Jeffrey Preffer and Ferald R. Salancik, *The External Control of Organizations: A Resource Dependence Perspective* (New York: Harper & Row, 1978).

② 汪锦军:《浙江政府与民间组织的互动机制: 资源依赖理论的分析》,《浙江社会科学》2008 年第 9 期, 第 31 页。

③ Judith R. Saidel, "Resource Interdependence: The Relationship between State Agencies and Nonprofit Organizations," *Public Administration Review* 6 (1991): 543-553.

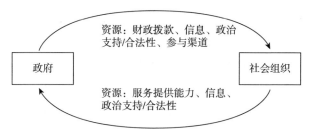

图 2-1　静态的政府与社会组织的资源依赖关系

资料来源：Judith R. Saidel, "Resource Interdependence: The Relationship between State Agencies and Nonprofit Organizations," *Public Administration Review* 6（1991）：543-553。

孙素科克（Sungsook Cho）和戴维·吉利普斯（David F. Gillespie）则在萨德尔静态的政府与社会组织的资源依赖关系的基础上引入了第三个变量——服务接受者，他们更详细地描绘了政府、社会组织和服务接受者之间的资源流动与反馈过程。在该模型中，政府、社会组织和服务接受者有各自的需求。服务接受者寻求服务，提出公共服务需求，政府必须对他们的服务需求作出回应，而社会组织由于资金的限制，无法完全满足他们的服务需求，于是其根据政府的要求，获得政府的资金支持，为公民提供相应的服务（见图 2-2）。

罗伯特·伍思努（Robert Wuthnow）提出了政府、市场、志愿部门相互依赖理论。他把国家定义为，"由形式化的、强制性的权力组织起来并合法化的活动范围"。国家的主要特点是拥有强制性的权力。市场被定义为，"涉及营利性的商品和服务的交换关系的活动范围"，"它是以与相对的供给和需求水平相关的价格机制为基础的"。市场主要以非强制的原则来运作。志愿部门被定义为，"既不是正式的强制，也不是利润取向的商品和服务的交换的剩余的活动范围"，它主要以志愿主义的原则来运作。①

———————

① Wuthnow R., "The Voluntary Sector: Legacy of the Past, Hope for the Future?" in Robert Wuthnow（eds.）, *Between States and Markets: The Voluntary Sector in Comparative Perspective*（Princeton: Princeton University Press, 1991）, pp. 3-29；田凯：《西方非营利组织理论述评》，《中国行政管理》2003 年第 6 期。

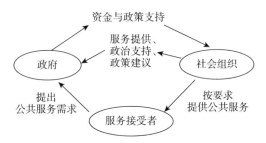

图 2-2　孙素科克和戴维·吉利普斯的资源依赖理论

资料来源：Sungsook Cho and David F. Gillespie，"A Conceptual Exploring the Dynamics of Government-Nonprofit Service Delivery，" *Nonprofit and Voluntary Sector Quarterly* 3（2006）；汪锦军：《浙江政府与民间组织的互动机制：资源依赖理论的分析》，《浙江社会科学》2008 年第 9 期。

伍思努认为，虽然在概念上政府、市场和志愿部门之间的关系看起来比较清楚，但在实践中政府、市场和志愿部门的关系正变得日益模糊，三个部门之间存在频繁的互动和交换关系，其中包括竞争与合作、各种资源的交换、各种符号的交易等。当不止一个部门的组织提供类似服务时，竞争关系便产生了。当集中不同的资源共同解决某个特定的社会问题时，合作关系便产生了。伍思努以城市中为老年人提供食品的例子来说明这种合作关系：由政府负责购买食品的资金，营利性组织（如饭馆等）负责准备食品，社会组织协调这些活动并负责组织志愿者发放食品。另外，各个部门之间还存在资源交换关系，组织和管理人员、技术、法律保护、公共关系、资金等往往在部门之间相互流动。[①]

2. 政府与社会组织相互依赖的内容

社会组织对政府存在多重依赖关系。康晓光和郑宽总结了社会组织对政府依赖的七个方面：资金、组织体系、官方媒体、登

[①]　Wuthnow R.，"The Voluntary Sector：Legacy of the Past，Hope for the Future？" in Robert Wuthnow（eds.），*Between States and Markets：The Voluntary Sector in Comparative Perspective*（Princeton：Princeton University Press，1991），pp. 3-29；转引自田凯《西方非营利组织理论述评》，《中国行政管理》2003 年第 6 期。

记注册、活动许可、政府资源、组织决策的机会与权利。① 汪锦军认为，这七个方面包括了民间组织对政府依赖的各个方面，表明了这种依赖的复杂性和多元性。然而，这七个方面的概括将最重要的依赖要素与最不重要的依赖要素放在同一个层次进行分析，反而将依赖关系的分析复杂化。比如，尽管利用官方媒体、登记注册等是一种依赖关系，但是这种依赖关系难以说明两者之间资源流动的本质。汪锦军认为，民间组织对政府的依赖最重要的因素是政策法规与资金。②

政府有稳定且充足的经费，对社会组织有着相当强的吸引力，因为得到政府的经费资助，既可以弥补社会组织在经费上的不足，也有利于社会组织扩大服务范围、建立良好的品牌声誉。政府依赖社会组织的服务输送能力。萨德尔研究了美国政府与志愿组织在健康和社会服务中合作的现象后指出，相较于政府，志愿组织在输送服务上有如下特点：新方案所需的时间较短；有助于方案的革新；容易依地方条件修改方案；较易服务那些困难的个案。这些优点使政府不能不与之合作。③

另外，政府与社会组织还经常在人员、专家与技术帮助、有关服务信息甚至政治与行政等方面相互依赖。社会组织需要政府的支持，以获得取信于外界的标签；为使自己组织倡导的议题被政府采纳，社会组织需要在行政上与政府保持密切的互动，使自己的声音能够发出来，甚至影响政府政策的制定。

---

① 康晓光、郑宽：《NGO 与政府合作策略框架研究》，载董克用编《公共管理与政策评论》（2007 第 1 辑·总第 2 辑），中国人民大学出版社，2007。

② 汪锦军：《浙江政府与民间组织的互动机制：资源依赖理论的分析》，《浙江社会科学》2008 年第 9 期，第 31~37、124 页。

③ Judith R. Saidel, "Dimensions of Interdependence: The State and Voluntary-Sector Relationship," *Nonprofit and Voluntary Sector Quarterly* 4 (1989): 335-347; Judith R. Saidel, "Resource Interdependence: The Relationship between State Agencies and Nonprofit Organizations," *Public Administration Review* 6 (1991): 543-553.

二 志愿失灵理论

志愿服务还存在失灵问题。萨拉蒙指出，社会组织在回应社会需求上有四点失灵，如慈善不足性、慈善特殊性、慈善父权性、慈善业余性。慈善不足性，是指社会组织没有充足的资源提供公共产品，以解决服务人群的问题或满足其需求。慈善特殊性，是指社会组织经常会优待某些群体，因此最需要帮助的群体反而可能得不到社会组织的帮助。慈善父权性，是指社会组织在界定需求、作为与服务对象时深受富人影响，因为社会组织的作为大致反映了富人的偏好。除此之外，社会组织常将援助他人（如穷人）视为一种施舍，而非这些人应得的权利。慈善业余性，是指社会组织常用业余的、志愿服务的方法处理人群问题，减少了自身对专业服务输送体系的资源投入。①

社会组织的这些弱点正好是政府的优势。政府能够通过立法、税收、发债等途径获得足够的资源开展福利事业，能够用民主的政治程序决定资金的使用和提供服务的种类，能够通过为民众赋权防止服务提供中的特权和家长式作风，等等。然而，政府往往因管理过度科层化而缺乏对社会需求的即时回应。相比之下，社会组织比较有弹性，能够根据个人需求提供相应的服务，能够在较小范围内提供服务，能够在服务的提供者之间展开竞争，等等。正是由于政府与社会组织在各自组织特征上的互补性（compensatory complementarity）②，政府出于对服务提供成本的考虑，与社会组织建立合作关系，从而既可以保持较小的规模，又

---

① Lester M. Salamon, "Partners in Public Services: The Scope and Theory of Government Nonprofit Relations," in Powel, W. W. (eds.), *The Nonprofit Sector: A Research Handbook* (Washington, D. C.: Urban Institute Press, 1987), pp. 329 – 367；转引自吕朝贤《非营利组织与政府的关系：以九二一赈灾为例》，《台湾社会福利学刊》2001 年第 2 期。

② L. M. Salamon, "The Rise of the Nonprofit Sector," *Foreign Affairs* 4 (1994): 16–39.

能较好地承担福利提供的责任。[①]

三　治理理论

英语中的"治理"（governance）一词源于拉丁文和古希腊语，原意是控制、引导和操纵。长期以来，"治理"与"统治"（government）交叉使用，并且主要用于与国家公共事务相关的管理活动和政治活动中。但是，自 20 世纪 90 年代以来，西方政治学和经济学家赋予"治理"一词新的含义，使其不仅涵盖的范围远远超出了传统的经典意义，而且含义与"统治"一词相去甚远。它不但在英语世界使用，而且开始在欧洲各主要语言中流行；不再只局限于政治学领域，还被广泛地用于社会经济领域。[②]

1989 年，世界银行在概括当时非洲的情形时，首次使用了"治理危机"（crisis in governance）这一概念，此后，"治理"一词便被广泛地用于政治发展研究中，特别是用于描述后殖民地和发展中国家的政治状况。关于治理，目前主要有五种观点：治理意味着一系列来自政府但又不限于政府的社会公共机构和行为者；治理意味着在为社会和经济问题寻求解决方案的过程中，存在界限和责任方面的模糊性；治理意味着在涉及集体行动的各个社会公共机构之间存在权力依赖；治理意味着参与者最终将形成一个自主的网络；治理意味着办好事情的能力并不仅限于政府权力，也不仅限于政府发号施令或运用权威。[③]

在关于"治理"的各种定义中，全球治理委员会的定义具有

---

① 田凯：《西方非营利组织理论述评》，《中国行政管理》2003 年第 6 期，第 59~64 页。

② 俞可平：《治理和善治：一种新的政治分析框架》，《南京社会科学》2001 年第 9 期，第 40 页。

③ 格里·斯托克：《作为理论的治理：五个论点》，《国际社会科学杂志》（中文版）1999 年第 1 期，第 20~29 页。

很强的代表性和权威性。该委员会于 1995 年发表了一份题为《我们的全球伙伴关系》的研究报告，并在报告中对治理做了如下界定。（1）治理是各种公共的或私人的个人和机构管理其共同事务的诸多方式的总和。（2）治理是使相互冲突或不同的利益得以调和并且采取联合行动的持续过程。（3）治理既包括有权迫使人们服从的正式制度和规则，也包括各种人们同意或认为符合其利益的非正式制度安排。（4）治理有四个特征：治理不是一整套规则，也不是一种活动，而是一个过程；治理过程的基础不是控制，而是协调；治理既涉及公共部门，也包括私人部门；治理不是一种正式的制度，而是持续的互动。①

合作伙伴关系是治理的主体要素。治理表示权力主体是多中心的，权力的行使方式也是多元的。治理意味着组织之间的相互依存和互动。这种依存和互动意味着任何一个主体都不具备解决复杂多样的问题所需要的知识、信息、能力，意味着主体需要基于共同目的协调和交换资源，需要基于互信共同制定游戏规则。因此，治理需要的不是上级对下级的行政命令，而是适应网络化组织范式的协商、对话和博弈，这种多中心多主体参与治理的过程就构成了治理秩序。合作伙伴关系的概念很大，涉及合作关系本身的基础。它最初的意义是，从一种不对等关系转变为一种平衡的关系。②

第二节　政府与社会组织合作的实践依据

在抗震救灾和灾后重建过程中，政府与社会组织都为灾区

① 全球治理委员会：《我们的全球伙伴关系》（*Our Global Neighborhood*），牛津大学出版社，1995，第 2~3 页。
② 齐海丽：《治理视野下的政府与非营利组织合作关系》，《学会》2009 年第 10 期，第 13 页。

群众提供了公共服务。如果说政府提供的公共服务具有均等的特点，即人人有份、人人平等，那么社会组织提供的公共服务则具有差异化的特点，即针对特殊人群提供的服务。其中，政府和社会组织是一种合作关系，政府发挥主导作用，社会组织发挥互补作用。因此，国际性灾难发生后，大量社会组织参与了救援行动。[①]

一 大型自然灾害发生后救助需求巨大

大型自然灾害会对个人、家庭和社区造成极大的冲击。大型自然灾害发生后，在紧急救援阶段，受灾群众往往需要外界提供住所（帐篷）、紧急医疗救护、食物、衣服等生活必需品；在灾后重建阶段，受灾群众往往需要外界提供住房重建、就业与生计、残障康复、社区养老等服务。然而，除了需要物质、资金的援助外，受灾群众还需要信心的重塑和社会关系的重建。这时，政府的主要职责是保障灾区群众的生存，加快公共设施重建，而社会组织的强项是恢复灾区社会关系形态和群众社会支持网络。社会组织一般采取参与式的方法，相信人的潜能是巨大的，可以用自身力量解决困难。因此，社会组织往往通过专业技巧，依靠灾区群众自身的力量，培育自治组织体系，整合各类社会资源，重建社会支持网络，促进社会关系改善，最终达到社区治理和社区互助，而这恰恰是政府灾后重建工作中的盲点。[②]

---

① Naim Kapucu，"Public-Nonprofit Partnerships for Collective Action in Dynamic Contexts of Emergencies," *Public Administtation* 1（2006）：205－220；吕朝贤：《非营利组织与政府的关系：以九二一赈灾为例》，《台湾社会福利学刊》2001 年第 2 期。

② 朱希峰：《平等合作：从灾后重建看政府与社会工作服务组织的伙伴关系》，《社会》2009 年第 3 期，第 183~188 页。

1. 大型自然灾害对个人的影响

大型自然灾害首先会对个人产生重大影响，受灾群众在心理辅导、心理创伤治疗以及社会关系重建等方面需求巨大。[①]雅森（Yassen）认为，灾害的发生，会在短期内对人们的生理、认知、情感、行为、人际交往以及价值观和世界观产生影响，也被描述为"对不正常情况的正常反应"（见表 2-1）。

表 2-1　对不正常情况的正常反应

类型	反应
生理	休克、出汗、身体反应、免疫系统受损、体内分泌毒素、心悸、痉挛、疲劳、性欲改变、易受声音和气味刺激而做出反应
认知	注意力不集中、困惑、失去方向、价值意义迷失、自我怀疑、沉思、强迫性思考、感觉灾害就像一场梦或电影
情感	焦虑、内疚、恐惧、麻木、悲伤、愤怒、敌意、脆弱感、无助感、被压倒感、空虚感
行为	易怒、过于警觉、睡眠失调、噩梦、食欲改变、使用毒品、自残行为
人际交往	沉默内向、孤立、亲密感降低、宽容度降低、依赖度增加、控制欲过强
价值观和世界观	失去目的、怀疑生命的意义、怀疑精神和宗教的信仰

资料来源：J. Yassen, "Preventing Secondary Traumatic Stress Disorder," in C. R. Figley (eds.), *Compassion Fatigue: Coping with Secondary Traumatic Stress Disorder in Those Who Treat the Traumatized* (NY: Brunner/Mazel, 1995), pp. 178-208.

雅森的论述常常被用来解释灾害过后发生这些反应都是正常的。然而，如果这些症状严重并且持续很长时间的话，就有可能形成很多学者和实践者关注的"创伤后应激障碍"（Post-traumatic Stress Disorder，PTSD）。其主要特点见表 2-2。

---

① 王思斌：《发挥社会工作在灾后重建中的作用》，《中国党政干部论坛》2008年第 6 期，第 11~13 页；李菲：《灾民安置与社群重建——都江堰市翔凤桥社区安置点 6 月 4 日实地调查与思考》，《贵州社会科学》2008 年第 6 期，第 21~28 页。

表 2-2　"创伤后应激障碍"的主要特点

症状严重且持续
紧张性刺激事件的发生
过度警觉
被记忆干扰并重复体验该经历——闯入性记忆
逃避
避免社会交往并体验闯入性记忆
直到距创伤事件发生至少 1 个月后才接受诊断（虽然在延缓的情况下可能有 6 个月的症状潜伏期）

资料来源：M. J. Friedman and A. J. Marsella，"Post-traumatec Stress Disorder：An O-verview of the Concept，"in A. J. Marsella，M. J. Friedman，E. T. Gerrity，& R. M Scurfield（eds.），*Ethnocultural Aspects of Posttraumatic Stress Disorder：Issues，Research and Clinical Applications*（Washington，D. C.：American Psychological Association，1996），pp. 1-32。

Hobfoll 等认为，社会工作者应该从以下五个层面提升个人从灾害中复原的能力，而这五个层面将个人、家庭和社区紧密地结合起来。

一是增强安全感。进行社区安全巡视、建立社会支持网络、制订预警和反应计划，培训、提供基本生活用品和设施；媒体正面报道，控制负面谣言传播；成年人要先建立安全感以帮助儿童和老年人；建立和恢复社会结构使人们觉得安全；等等。

二是努力平静下来。成年人只有先平静下来，才能帮助和照顾弱势群体。调整呼吸、冥想、肌肉放松、增强自信、积极思考等办法可以帮助成年人平静下来。成年人采用锻炼和积极参加活动等办法，建立日常生活的规则尽量使生活有序，并在有需要的时候学会求助。

三是建立集体效能感和增强自我效能感。回到学校学习、开始工作、集体悼念、参与志愿行动有助于人们建立集体效能感，同事、家庭的关爱、支持以及社区的联系与活动有助于增强自我效能感。

四是促进相互联系。受到灾害影响的个体有可能将自我隔离，获取社会支持、参与社会服务和文娱活动会创造出一种相互联系的感觉。

五是培育希望。对于个人来说，没有对未来的信心和希望是毁灭性的，因此培育个人对未来的希望至关重要。[①]

2. 大型自然灾害对家庭的影响

家庭是社区组成最基本的单元，它不仅是人与人之间的联结点，而且是与所在社区社会团体和制度产生联系的整体。[②] 家庭系统不仅有其历史、角色、边界、沟通方式和日常习惯，而且是塑造价值观的中心地带。[③] 因为灾害会挑战人们已有的认识和预期并导致价值意义迷失，所以灾害会给家庭关系带来紧张感。

灾害容易使家庭之间的感情更接近或更疏远。灾害造成的损失和破坏（如汶川特大地震后的重新安置）使传统亲属、邻里关系的维持和家庭内部私密空间的获取更为困难。

灾害会造成家庭物质和经济上的困难。人们失去工作、住宅，商店和办公室被毁，生产工具遭到破坏，家庭成员失去共有的食物、衣物、钱财、运输工具和其他资源。当家庭供养者失去工作、丧失供养家庭的能力时，他们会承受巨大的压力。

灾害会扰乱家庭生活周期和家庭中的角色分工。[④] 家庭成员有可能会退回家庭并变得更有依赖性，或者在极小的年龄就快速进入应对发展性挑战的状态。灾害也割断了家庭从其历史和传统中获得

---

① S. E. Hobfoll et al.，"Five Essential Elements of Immediate and Midterm Mass Trauma Intervention：Empirical Evidence，" *Psychiatry* 4（2007）：283-315.

② Miller J.，"Family and Community Integrity，" *Journal of Sociology and Social Welfare* 4（2001）：23-24；Landau，"Enhancing Resilience：Communities and Families as Agents of Change，" *Family Process* 1（2007）：351-365；F. Walsh，"Traumatic Loss and Major Disasters：Strengthening Family and Community Resilience，" *Family Process* 2（2003）：207-227.

③ D. Riss，*The Family's Construction of Reality*（Cambridge，MA：Harvard University Press，1981）.

④ L. B. Rosenfeld，J. S. Caye，O. Ayalon，& M. Lahad，*When Their World Falls Apart：Helping Family and Children Manage the Effects of Disasters*（Silver Springs，MD：NASW Press，2005）.

资源的纽带。① 这表现在许多方面：年长者去世；照片、文档、祖传遗产等联结家庭历史的物品遗失或毁坏；家庭住宅被破坏。家庭传承的文化传统、实践和日常习惯，在灾后面临的挑战中，可能会变得不再有效和适用，甚至随着时间的推移而难以复得乃至不复存在。

灾害会降低家庭抗逆力。家庭是支持力和抗逆力的源泉，而家庭的抗逆力是一个包括互动、沟通、关联、情感表达和分享、共建的世界观和价值观等相互交织的动力环境。家庭成员和一系列正式与非正式的制度、组织、团体进行互动，也对它们有所依赖。② 所以，家庭抗逆力与家庭、社区紧密地联系在一起，尤其是在以集体主义为导向的文化中，个人的抗逆力依赖于家庭的抗逆力，而后者又与群体和社区的集体命运相关。③

3. 大型自然灾害对社区的影响

大型自然灾害会对社区的方方面面产生影响，包括社区凝聚力被破坏，社区网络、支持系统和资源丢失，组织结构和制度关系改变，沟通模式转变，历史消失，文化传承被破坏，位置发生迁移，自然环境恶化，政治不稳定，经济衰退，社会资本丧失。④

---

① J. Cobin & J. Miller, "Collaborative Psychosocial Capacity Building in Northern Uganda," *Families in Society* (2009); J. Landau & J. Saul, "Facilitating Family and Community Resilience in Response to Major Disaster," in F. Walsh & M. McGoldrick (eds.), *Living Beyond Loss* (New York: Norton, 2004), pp. 285-309; Landau, "Enhancing Resilience: Communities and Families as Agents of Change," *Family Process* 1 (2007): 351-365.

② Miller J., "Family and Community Integrity," *Journal of Sociology and Social Welfare* 4 (2001): 23-24.

③ K. Kayser, L. Wind, & R. A. Shankar, "Disaster Relief within a Collectivist Context," *Journal of Social Service Reserch* 3 (2008): 87-98.

④ T. Bryant-Davis, *Thriving in the Wake of Trauma: A Multicultural Guide* (Westport, CT: Praeger, 2005); S. Dodds & E. Nuehring, "A Primer for Social Work Research on Disaster," *Journal of Social Service Research* 1 (1996): 27-56; Y. Park & J. Miller, "The Social Ecology of Hurricane Katrin: Rewritting the Discourse of Natural'Disasters," *Smith College Studies in Social Work* (2006); D. Summerfield, "Cross Cultural Perspectives on the Medicalization of Human Suffering," in G. Rosen (eds.), *Posttraumatic Stress Disorder: Issues and Controversies* (NY: Wiley, 2004), pp. 233-247.

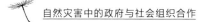

有研究显示，低收入和边缘化的社会更容易受到灾难的影响。Sundet 和 Mermelstein 将经历了 1993 年美国中西部洪水灾难的八个社区作为样本，分析了灾前社区的特质和灾后复原成功与失败的关系，得出了这样一个结论：灾前越是贫困的地区，在灾后越难生存。有学者在菲律宾、土耳其和其他国家也发现了同样的结果。① 2000 年，《世界灾难报告：关注公共健康》显示，96%的自然灾难造成的死亡发生在南部国家，因此经济水平是民众和社区预防灾难与灾后恢复的一个重要指标。

　　社区动员、组织和工作是社会组织对灾后社区干预的重要手段和方法。灾后社区工作的一个基本目标就是建立以邻里为基础的组织，内容包括建立不同的群体、促进社会正义、维持或重建权力关系、发展机构且保持社区的活力。社会组织的社区干预主要包括如下几个方面的工作：一是社区服务的合作②，二是将非正式的组织纳入减灾和复原过程中，三是灾难复原的社区评估角色，四是灾难管理中以社区为基础的参与③。兰道和索尔指出，灾后社区建设的目标有如下四点。一是增强社区凝聚力。二是建立集体的叙事，运用口述史的方法是最好的介入策略。尤其是在中国的文化环境下，大多数民众并不信任心理治疗，运用口述史的方法可以帮助他们更好地分享自己的感受、经验和故事，建立集体的叙事，传承文化，继往开来。三是重建日常生活的节奏和惯例。四是建立希望和未来美好的愿景。④

① J. Allen, *Traumatic Relationships and Serious Mental Disorders* (NY: Wiley, 2001).

② C. M. Galambos, "Natural Disasters: Health and Mental Health Considerations," *Health and Social Work* 2 (2005): 83-86.

③ J. Allen, *Traumatic Relationships and Serious Mental Disorders* (NY: Wiley, 2001).

④ J. Landau & J. Saul, "Facilitating Family and Community Resilience in Response to Major Disaster," in F. Walsh & M. McGoldrick (eds.), *Living Beyond Loss* (New York: Norton, 2004), pp. 285-309.

二　政府的优势与不足

（一）政府的优势①

在地震面前，社会组织的力量显得非常弱小，需要依靠政府主导救灾。政府的这种主导作用是社会组织无法替代和发挥的。社会组织能做的是为政府大规模的紧急救助和灾后重建提供支持，进行有力配合。四川 5·12 民间救助服务中心负责人认为，"整个救灾和灾后重建主要是依靠政府能力，民间组织没有这个能力，因为灾区很多需求是刚性的，而且需求量非常大，社会组织现在没有能力调动这么多的资源。这一点可以确定，政府从来都是抗震救灾真正的中心，民间组织在这一过程中就是做一些辅助性的工作。社会组织之所以存在，是因为政府的工作一定会有空白，有一些该管没管，该做没做的事，或者是没有精力、没有资源去做的事，这些地方就是社会组织的领域和空间"。②

1. 有运转良好的组织系统

在我国民主集中制原则下，下级服从上级，局部服从全局，全党、全国服从中央，强有力的中央政府能够保证"集中力量办大事"，快速动员各方面的力量和资源。

（1）组织体制

横向上，在统一的抗灾救灾协调机制下，每遇大灾，国务院有关部门都会密切配合、通力合作。民政部、财政部、水利部、国家卫生健康委、中国人民银行等部门积极安排支援灾区的各项救灾资金和物资；气象部门全力以赴做好灾区天气预测、预报；

---

① 2006 年，国务院颁布了《国家自然灾害救助应急预案》。后来，经过 2011年、2016 年、2024 年三次修订，《国家自然灾害救助应急预案》内容有了相应的变化。因为本书的论述主要针对汶川特大地震发生时的救灾情况，所以本处关于预案的内容均引自 2006 年编制的《国家自然灾害救助应急预案》。
② 萧延中、谈火生、唐海华、杨占国：《多难兴邦——汶川地震见证中国公民社会的成长》，北京大学出版社，2009，第 116 页。

地震部门认真做好灾区地震监测工作；交通、铁路、民航等部门优先安排抢运救灾物资；政法系统有关部门抽调力量确保灾区社会稳定；监察、审计部门加强对救灾款物管理使用的监督、监察；宣传部门积极组织对抗灾救灾的宣传和报道；等等。

纵向上，中央政府除了能够有力地组织灾区政府抗灾外，还建立了北京、天津、上海、江苏、浙江、福建、山东、广东 8 省（市）和深圳、青岛、大连、宁波 4 市对内蒙古、江西、广西、四川、云南、贵州、陕西、甘肃、宁夏和新疆 10 省（区）的对口支援机制，灾情发生后还能号召各省份对灾区给予对口支援，极大地提高了救灾效率。汶川特大地震后，中央政府扩大了对口支援的范围，组织了广东、江苏、上海、山东、浙江、北京、辽宁、河南、河北、山西、福建、湖南、湖北、安徽、天津、黑龙江、重庆、江西、吉林 19 个省（市）为支援省（市），四川省北川县、汶川县、青川县、绵竹市、什邡市、都江堰市、平武县、安县、江油市、彭州市、茂县、理县、黑水县、松潘县、小金县、汉源县、崇州市、剑阁县共 18 个县（市），以及甘肃、陕西受灾严重地区作为受援方。① 截至 2009 年底，已确定对口支援项目 3424 个、援建金额 744 亿元，其中，已开工建设 3139 个项目，援建资金到位 449 亿元，建成投入使用 1833 个项目。②

---

① 具体对口支援的安排是：山东省——四川省北川县、广东省——四川省汶川县、浙江省——四川省青川县、江苏省——四川省绵竹市、北京市——四川省什邡市、上海市——四川省都江堰市、河北省——四川省平武县、辽宁省——四川省安县、河南省——四川省江油市、福建省——四川省彭州市、山西省——四川省茂县、湖南省——四川省理县、吉林省——四川省黑水县、安徽省——四川省松潘县、江西省——四川省小金县、湖北省——四川省汉源县、重庆市——四川省崇州市、黑龙江省——四川省剑阁县、广东省（主要由深圳市）——甘肃省受灾严重地区、天津市——陕西省受灾严重地区。参见国务院办公室厅《关于印发汶川地震灾后恢复重建对口支援方案的通知》，http://news.xinhuanet.com/politics/2008-06/18/content_8391394.htm。

② 苏民：《同心携手 重建家园——各地对口支援汶川地震灾区取得显著效果》，《经济日报》2010 年 2 月 3 日，第 6 版。

（2）人力资源配置

大型自然灾害发生时，政府在人力资源方面也有相应的储备。一是有民政灾害管理人员队伍，二是有民政、卫生、水利、气象、地震、海洋、国土资源等各方面专家队伍，三是可协调动员公安、武警、消防等救援队伍。

2. 有较为充足的经费和物资支持

（1）资金方面

民政部可以协调国家发展改革委、财政部等部门，根据国家发展计划和《中华人民共和国预算法》规定，安排中央救灾资金预算，并按照救灾工作分级负责、救灾资金分级负担，以地方为主的原则，督促地方政府加大救灾资金投入力度。①按照救灾工作分级负责、救灾资金分级负担的原则，中央和地方各级财政都应安排救灾资金预算。②中央财政每年根据上年度实际支出安排特大自然灾害救济补助资金，专项用于帮助解决严重受灾地区群众的基本生活困难。③中央和地方政府根据财力增长、物价变动、居民生活水平实际状况等因素逐步提高救灾资金补助标准，建立救灾资金自然增长机制。④救灾预算资金不足时，中央和地方各级财政安排的预备费要重点用于灾民生活救助。汶川特大地震发生后，中央政府决定建立 3000 亿元规模的地震灾后恢复重建基金，而应对金融危机刺激内需的 4 万亿元的 1/4 也将用于灾后重建。

（2）物资方面

整合各部门现有救灾储备物资和储备库规划，分级、分类管理储备救灾物资和储备库。①按照救灾物资储备规划，在完善天津、沈阳、哈尔滨、合肥、武汉、长沙、郑州、南宁、成都、西安 10 个中央救灾物资储备库的基础上，根据需要，科学选址，进一步建立健全中央救灾物资储备库。各省、自治区、直辖市及灾害多发地、县建立健全物资储备库、点。各级储备库应储备必

需的救灾物资。②每年年初购置救灾帐篷、衣被、净水设备（药品）等救灾物资。③建立救助物资生产厂家名录，必要时签订救灾物资紧急购销协议。④灾情发生时，可调用相邻省份救灾储备物资。⑤建立健全救灾物资紧急调拨和运输制度。⑥建立健全救灾物资应急采购和调拨制度。

（3）装备方面

①中央各有关部门应配备救灾管理工作必需的设备和装备。②民政部、省级民政部门及灾害频发市、县民政局应配备救灾必需的设备和装备。

3. 有较为畅通的信息系统

（1）通信和信息准备

通信运营部门应依法保障灾害信息的畅通。自然灾害救助信息网络应以公用通信网为基础，合理组建灾害信息专用通信网络，确保信息畅通。①加强中央级灾害信息管理系统建设，指导地方建设并管理覆盖省、地、县三级的救灾通信网络，确保中央和地方各级政府及时准确掌握重大自然灾害信息。②以国家减灾中心为依托，建立部门间灾害信息共享平台，提供信息交流服务，完善信息共享机制。③充分发挥环境与灾害监测预报小卫星星座、气象卫星、海洋卫星、资源卫星等对地监测系统的作用，建立基于遥感和地理信息系统技术的灾害监测、预警、评估以及灾害应急辅助决策系统。

（2）灾害信息共享

国家防灾减灾救灾委员会办公室、全国抗灾救灾综合协调办公室及时汇总各类灾害预警预报信息，向成员单位和有关地方通报信息。

（3）灾情信息管理

灾情信息报告内容包括：灾害发生的时间、地点、背景，灾害造成的损失（人员受灾情况，人员伤亡数量，农作物受灾情况，房屋倒塌、损坏情况，以及造成的直接经济损失），已采取的救灾措施和灾区的需求。

灾情信息报告时间分为灾情初报、灾情续报、灾情核报三个阶段。①灾情初报。县级民政部门对于本行政区域内突发的自然灾害，凡造成人员伤亡和较大财产损失的，应在第一时间了解掌握灾情，及时向地（市）级民政部门报告初步情况，最迟不得晚于灾害发生后 2 小时；对造成死亡（含失踪）10 人以上或其他严重损失的重大灾害，应同时上报省级民政部门和民政部。地（市）级民政部门在接到县级报告后，在 2 小时内完成审核、汇总灾情数据的工作，向省级民政部门报告。省级民政部门在接到地（市）级报告后，应在 2 小时内完成审核、汇总灾情数据的工作，向民政部报告。民政部接到重特大灾情报告后，在 2 小时内向国务院报告。②灾情续报。在重大自然灾害灾情稳定之前，省、地（市）、县三级民政部门均须执行 24 小时零报告制度。县级民政部门每天 9 时前将截止到前一天 24 时的灾情向地（市）级民政部门上报，地（市）级民政部门每天 10 时前向省级民政部门上报，省级民政部门每天 12 时前向民政部报告情况。特大灾情根据需要随时报告。③灾情核报。县级民政部门在灾情稳定后，应在 2 个工作日内核定灾情，向地（市）级民政部门报告。地（市）级民政部门在接到县级民政部门报告后，应在 3 个工作日内审核、汇总灾情数据，将全地（市）汇总数据（含分县灾情数据）向省级民政部门报告。省级民政部门在接到地（市）级民政部门的报告后，应在 5 个工作日内审核、汇总灾情数据，将全省汇总数据（含分市、分县数据）向民政部报告。

（4）灾情核定

①部门会商核定。各级民政部门协调农业、水利、国土资源、地震、气象、统计等部门进行综合分析、会商，核定灾情。②民政、地震等有关部门组织专家评估小组，通过全面调查、抽

样调查、典型调查和专项调查等形式对灾情进行专家评估,核实灾情。

4. 社会动员准备

①建立和完善社会捐助的动员机制、运行机制、监督管理机制,规范突发自然灾害社会捐助工作。②完善救灾捐赠工作应急方案,规范救灾捐赠的组织发动、款物接收和分配以及社会公示、表彰等各个环节的工作。③在已有 2.1 万个社会捐助接收站、点的基础上,继续在大中城市和有条件的小城市建立社会捐助接收站、点,健全经常性社会捐助接收网络。④完善社会捐助表彰制度,为开展社会捐助活动创造良好的社会氛围。⑤健全北京、天津、上海、江苏、浙江、福建、山东、广东 8 省(市)和深圳、青岛、大连、宁波 4 市对内蒙古、江西、广西、四川、云南、贵州、陕西、甘肃、宁夏和新疆 10 省(区)的对口支援机制。

(二)政府的不足

面对受灾群众的需求,政府在资金、人员、能力上显得不足。而且,政府往往起到总体协调和提供普遍服务(如救援、提供临时住所等)作用,对受灾群众的照顾不可能面面俱到。在紧急救援和过渡安置阶段乃至灾后重建初期,政府主导、社会参与是非常必要的。但是,随着救灾工作的一步步向前推进,特别是灾后重建中后期,应逐步从政府主导、社会参与转变为社会主导、政府支持,社会组织应在灾后重建过程中扮演重要角色。因为在抗震救灾初期,政府强大的资源动员能力和统一的调配系统是非常有效的。到了灾后重建阶段,这一过程短则两三年、长则数十年。从国际经验来看,这是社会组织参与最广泛、最深入,优势最突出的阶段。[1]

---

[1] 萧延中、谈火生、唐海华、杨占国:《多难兴邦——汶川地震见证中国公民社会的成长》,北京大学出版社,2009,第 117 页。

1. 政策规定往往整齐划一

政府的行为是针对所有民众的，具有普适性特点，发出的指令往往是整齐划一的，而这种整齐划一会产生一些意想不到的影响。比如，灾区某些地方政府提出"三年重建、两年完成"的口号，在2009年春节之前要完成90%的农房重建。政府对农房重建的政策是平均每户补贴16000元，五口以上的家庭每户补贴19000元。然而，在大规模建设农房的情况下，灾区建材价格大幅上涨，仅砖块就从震前的每块0.22元涨到0.51元，沙子、水泥和钢筋也是差不多的情况。建材价格的上涨基本上抵销了政府的补贴。

由于规划时间较短，政府的统一命令并不能契合群众的需求。据报道，P市灾后住房重建的9个示范点之一的T镇T桥村11组160多人对漂亮新家"爱在心里口难开"。由于统一规划的新房还没来得及修建厨房和厕所，或是缺乏传统的晾晒场地，160多名村民在参加完"春节入住仪式"后，又悄悄搬了出来，继续在临时棚户中凑合。B镇J桥村3组新建的两层欧式小楼一条街排去，因为有补助捐资政策，村民们花很少的钱修了小楼，可修好的小楼没阳台没院子。大家住进去才发现，原来可以养猪、养鸡，现在不行了。每天早上6点起床后，57岁的TMF第一件事就是以百米冲刺的速度，跑到自家新房后的那个山坡上抢厕所——"去晚了，人得排队到啥时候"。新房没有厨房、厕所，没有晾晒粮食的坝子，没有鸡圈猪舍，因为生活条件不方便，有的村民整个冬天都没洗澡。①

2. 政府很难满足群众的软性需求

硬件需求主要涉及生存问题，而软性需求主要涉及发展问题。政府的优势是可以进行基础设施（包括住房、道路、学校、医院等）建设，满足群众的硬件需求。然而，政府对群众心理疏导、家

---

① 《新房很漂亮　就是有点不"方便"》，《华西都市报》2009年2月17日，第2版。

庭关系重建、社区恢复与发展等软性需求的回应能力有待提高。

3. 政府很难满足特殊群体的需求

大量伤残人员、遇难者家属在地震后得到了政府和社会各界的关心，其后期的基本生活问题也得到了较为妥善的解决。然而，这些特殊群体除了需要经济保障外，还需要各方面的服务，如伤残人员的康复、救助及遇难者家属的抚慰等。特别是，遇难学生家长的安抚工作，也需要长期细致开展。他们在服务照料和亲情慰藉等方面有可能遭遇到自己难以克服的困难。政府因为忙于硬件建设，往往无暇满足这些需求。这就需要政府提供各种社会保障和社会服务，以满足特殊群体的需求。①

三　社会组织的优势与不足

在救灾和重建的不同阶段，社会组织发挥了不同的作用。在政府职能部门无暇顾及的一些领域，在教育、文化、体育、医疗卫生等诸多方面，社会组织整合各种社会资源，以灵活的体制和多样化的社会工作服务，满足了残疾人、老年人等特殊群体的差异化需求，从而补齐了政府职能部门的短板。不仅如此，社会组织还带动了志愿服务的发展，弘扬了以利他为目的的志愿精神，激发了公民意识，增强了社会自治的功能。可以说，广大社会组织和志愿者根据灾区群众的现实需求开展社会工作，充分体现了政府主导和社会参与相结合的原则。

（一）社会组织的优势

在我国的体制下，政府是绝对的救灾主力，但是仍有很多事情需要民间力量参与。在紧急救援阶段，社会组织除了抢险救灾之外，还要从事钱物募集、运送物资、灾民安置、物品分发、心

---

① 陈艺、王健：《汶川地震灾区安置板房的社区化管理思考与对策》，http://www.cdss.gov.cn/yanjiu/SHFZ/cy/1420.htm。

理疏导等工作，是对政府救灾的有益补充。到了灾后重建阶段，社会组织在专业能力、人力与资源等方面具有优势，能够提供专业化的服务，如环保、教育、弱势人群支持、慈善救济等。具体而言，社会组织具有以下优势。

1. 及时性

社会组织可以利用自己的力量前往受灾前线调查，及时了解灾情和受灾群众的需求，汇总信息传给后方，后方根据前方的信息，联系各个机构，筹集灾区所需的物资，并将救灾物资运送到灾区。[①] 地震发生后，社会组织立即行动起来。据北京师范大学对 60 家社会组织的调查，14.0%的社会组织在地震发生后立即采取了行动，73.2%的社会组织在地震后 24 小时内采取了行动。其中，61.7%的社会组织得知地震发生后立即召开紧急会议部署救灾，41.7%的社会组织公开发布本组织救灾信息，35.0%的社会组织派出先遣小分队考察灾情，35.0%的社会组织立即设计募款方案，33.3%的社会组织立即与政府有关部门联系，11.7%的社会组织动用紧急储备资金。[②]

社会组织能够灵活、快速地对社会需求变化做出反应。如麦田计划者在运送物资时发现："最开始的时候，干粮和水是最重要的；但饼干吃多了容易反胃，于是他们就顺带买些老干妈、榨菜等；后来发现没有油，村民连排便都困难，于是开始采购一些油送过去；女性用品、蚊香、蜡烛、手纸、牙刷牙膏等日用品，也逐步列入他们的采购范围。"[③] 友成企业家扶贫基金会的志愿者于 2008 年 5 月

① 俞雅乖：《补充与合作：民间组织参与灾后农村公共服务供给的模式创新》，《科学决策》2009 年第 10 期，第 112~116 页。

② 韩俊魁、纪颖：《汶川地震中公益行动的实证分析——以 NGO 为主线》，清华大学公共管理学院 NGO 研究所主办《中国非营利评论》（第三卷），社会科学文献出版社，2008，第 1~24 页。

③ 刘晶晶：《NGO 在灾后重建的作用分析》，《商业文化》（学术版）2009 年第 3 期，第 211 页。

15 日到达绵竹市的遵道镇，17 日就发现救灾物资中缺少奶粉及女性用品等，于是他们立即将需求情况反馈给友成企业家扶贫基金会。19 日，7 大卡车物资就运到了遵道镇，奶粉、女性用品等物资迅速分发到特定灾民的手中。当时，遵道镇团委书记对友成企业家扶贫基金会的工作效率感到十分惊讶。[①]

2. 直接性

社会组织强调与受助者直接接触，由于它们的资金和物资来自捐赠者，必须对捐赠者负责，它们认为把捐赠物资直接送到有需要的人手里是分内的事。在震后最初一段时期，由于实行交通管制，各类民间组织和志愿者很难前往灾区运送物资，一些社会组织（如成都无线电协会、国际行动援助中国办公室等）就利用夜间组织车辆。在道路毁坏地区，他们肩扛手提，将急需的药品、食品等直接送到灾民手里。由万科公民社会项目办公室、深圳登山户外运动协会、成都 5·12 民间救助中心和友成企业家扶贫基金会等多家民间团体在绵竹市遵道镇联合成立的志愿者协调办公室的工作人员认真负责，将每一分钱的使用都纳入财务报告，而且在每一笔物资发放后，都会对捐赠方做出明确的回复。例如，陕西有 10 家民间机构联合捐赠了 50 吨大米，志愿者协调办公室在迅速安排志愿者将大米发放给村民时，请每户村民都签名确认，并拍摄了每户领取大米的照片，然后统一把签名和照片提供给捐赠方，这让对方非常满意。[②]

3. 均衡性

社会组织关注焦点之外的人群和地域，着眼于"容易被忽略的角落"、"容易被忽略的群体"和"容易被忽略的需求"，以实现整

---

① 萧延中、谈火生、唐海华、杨占国：《多难兴邦——汶川地震见证中国公民社会的成长》，北京大学出版社，2009，第 120 页。
② "灾后重建过程中的公民社会发育和协商民主探索"课题组：《NGO 在"5·12 汶川大地震"救灾和重建过程中的作用调查报告》，http://prover2000.blog.163.com/blog/static/1268023482009111602358527。

体的公平和均衡发展。社会组织天然就有关注弱势群体和努力实现社会公平的愿景，虽然在救灾阶段每个受灾的人都需要帮助，但是它们仍把较多的精力放在那些容易被忽略或政府一时难以顾及的地区和人群上。以发放大米为例，政府只能在村委会和村民小组中进行分配，有可能出现分配不均的现象；而社会组织利用自己的力量，通过逐户摸底，做到按需分发物资，成为政府的助手。

　　灾难发生后一周内，救助儿童会就在 4 个市州级政府所在地城市建立了紧急应对的儿童保护中心；同时，一个为期两年的阶段性救助计划出炉，以保护受地震影响儿童获得生存、发展及教育等权利。国际行动援助中国办公室在第一时间进入灾区做需求评估的同时，带去了大量女性用品和婴幼儿用品等，这不能说与其理念和平时的工作方法无关。成都的穿山甲越野运动俱乐部十分关注那些路况较差、政府援助力量较弱的一线灾区，其利用越野车灵活性较强的特点，深入山区，将物资运送到北川、什邡和彭州等地区。广东狮子会第一批志愿者到达成都后，在考察灾情和受灾群众的实际需要后，决定在绵阳受灾群众集中地设置 100 多个流动厕所，并向受灾群众安置点派遣心理干预师。实际上，这些都是政府想做但一时难以顾及的事。随着灾后重建工作的展开，很多事情需要社会组织发挥自己应有的作用。①

　　山西的乐活俱乐部带了几万元在灾区购买物品，最贵的东西是 9 元一双的胶鞋，其他绝大部分都是牙膏、牙刷、毛巾、梳子、小镜子、口杯等日常用品，还有苹果、香蕉等水果。俱乐部成员根据灾区群众的需要，走一路发一路。他们说，救助点的东西太多了，我们不用在救助点发，我们到那些自己在家里捡东西、建房子的老乡家去发。这些东西虽然不值钱，但当他们给一个孩子

---

① "灾后重建过程中的公民社会发育和协商民主探索"课题组：《NGO 在"5·12 汶川大地震"救灾和重建过程中的作用调查报告》，http://prover2000. blog.163.com/blog/static/12680234820091116023 58527。

一个苹果，孩子露出笑脸时，他们感到很温暖。村民看到志愿者前来帮助救灾很感动，志愿者看到灾民在自己建设家园也很感动。①

天津鹤童老年福利协会德阳救助点的一个伤员家属说，他的父亲在地震中受伤了，他在旁边守了 7 天 7 夜，但是这 7 天 7 夜他不敢搬动父亲，也没有想到给父亲洗脸、梳头，也没有想到给父亲漱口，家里的东西都在床边堆着。志愿者到了救助现场后，第一件事是清理场地，第二件事是给伤病员洗头、洗脸、漱口、剪指甲、剪头发、换床单。也就是说，政府为受灾群众提供了普遍性的救助，使他们得到了救援，住进了帐篷，但是像这种个性化、专业化的服务，政府就顾不上了。社会组织有自己的特长，能配合政府的救助工作，为受灾群众提供更多个性化的服务。②

4. 补充性

社会组织不但在物质资源的筹措和分配上具备一些政府和企业无可比拟的优势，而且在人力、精神等资源的筹措上具备优势。一方面，社会组织可以通过各种慈善性、公益性的募款活动筹集善款和吸纳各种社会捐赠，链接大量的社会慈善捐赠资源。汶川特大地震发生后，截至 2009 年 4 月 30 日，全国共接收国内外社会各界抗震救灾捐赠款物合计 767.12 亿元。其中，中国红十字会总会共接收捐款 49.55 亿元，中华慈善总会共接收捐款 9.27 亿元，经批准可以开展抗震救灾捐赠活动的 16 家全国性基金会③

① 郭虹：《巨灾中的 NGO——四川 5·12 民间救助服务中心》，《绿叶》2008 年第 10 期，第 68~74 页。
② 郭虹：《巨灾中的 NGO——四川 5·12 民间救助服务中心》，《绿叶》2008 年第 10 期，第 68~74 页。
③ 这 16 家全国性基金会包括中国老龄事业发展基金会、中国宋庆龄基金会、中国光华科技基金会、中国残疾人福利基金会、中国人口福利基金会、中国青少年发展基金会、中国儿童少年基金会、中国少数民族文化艺术基金会、中华思源工程扶贫基金会、中国绿化基金会、中国光彩事业基金会、中国教育发展基金会、中国健康促进基金会、中华环境保护基金会、中国妇女发展基金会、中国扶贫基金会。

共接收捐款 12 亿元。① 截至 2009 年 7 月 31 日，四川省慈善总会先后接收社会各界抗震捐款共计 40.90 亿元。② 截至 11 月 30 日，四川省红十字会共接收汶川地震抗震救灾捐赠资金 13.90 亿元。③ 另一方面，社会组织可以发动来自社会各个方面的志愿者，吸引公众加入各种形态的志愿者组织，参与各种公益活动或互助活动，弥补巨灾发生时人力资源短缺、应急管理缺乏必要的参与人员的不足，动员社会多方面的志愿服务资源。④ 志愿服务（捐赠的是无偿劳动、技术和服务）是慈善捐赠的特殊内容。据不完全统计，来自国内外的志愿者多达 120 万~150 万人。⑤

5. 参与性

社会组织始终坚持赋能，强调自救、自我发展能力和可持续发展，认为"造血式"救灾要比单纯的"输血式"救灾更可取，把培养灾区群众的自我组织和行动能力、培育社区意识和邻里互助精神视为主要目标。参与式合作的基本原则包括：建立伙伴关系；尊重乡土知识和群众的技术、技能；重视项目过程，而不仅仅看重结果。⑥ 在这种理念的指导下，社会组织把调动儿童的积极性纳入行动计划。社会组织救灾联合办公室汉旺志愿者服务站在灾区建立了首个"儿童团"，并设有团长（1 名）、副团长（1 名）、

---

① 《民政部公告汶川地震抗震救灾捐赠款物及使用情况》，https://www.gov.cn/jrzg/2009-05/12/content_1312434.htm。

② 《四川省慈善总会汶川特大地震灾害接收捐赠资金收支情况的报告》，http://www.sc-cf.cn/show.php? id=420。

③ 四川省红十字会：《"5·12"汶川地震灾害接收社会捐赠资金使用情况公示表》，http://www.scredcross.org.cn/html/xxym.asp? ID=3479。

④ 张强、陆奇斌、张欢等编著《巨灾与 NGO——全球视野下的挑战与应对》，北京大学出版社，2009，第 13 页。

⑤ 郑远长：《汶川地震社会捐赠工作对发展我国现代慈善事业的启示》，载清华大学公共管理学院 NGO 研究所主办《中国非营利评论》（第三卷），社会科学文献出版社，2009，第 134 页。

⑥ 张强、陆奇斌、张欢等编著《巨灾与 NGO——全球视野下的挑战与应对》，北京大学出版社，2009，第 11 页。

团长助理（1 名）等岗位，其主要任务是，清理和回收村里的垃圾，排练及表演文艺节目，帮助维持"自然之友新生电影院"的秩序、维护电影院的设施，自我组织分发各种外来救灾物资（儿童类），等等。①

遵道镇志愿者协调办公室志愿者在调查中发现，遵道镇是年画和刺绣之乡，但一直没有形成生产规模。年画的设计和销售均由外部完成，遵道镇实际成为一个印刷加工地，刺绣也面临同样的问题。为了帮助灾民重建家园，志愿者在遵道镇棚花村搭建了刺绣帐篷，将村里会刺绣的姑娘组织起来，并以志愿者协调办公室的名义下了第一批订单。志愿者将年画元素融入刺绣，设计了一个志愿者纪念臂章，第一批加工 100 个，每个 60 元。罗世鸿说，订单扶持是为了将灾民的积极性调动起来。此外，志愿者协调办公室还计划招募专业从事设计的志愿者，成立艺术工作室，协助灾民进行产品开发，并由专业从事营销的团队帮助灾民开发市场。"志愿者不能代替灾民，只能教给灾民方法。"志愿者认为，不能让灾民形成依赖心理。此前，由于大量志愿者进入，很多本可由灾民自己完成的事情都由他人代劳了，如打扫卫生、搭建帐篷等。遵道镇志愿者协调办公室意识到这一点，将工作由"帮灾民干"转变为"教灾民干"。罗世鸿认为，如果灾民形成依赖心理，就会对重建造成阻碍，也将加重政府的负担。②

6. 专业性

社会组织是为弱势群体提供服务的，它们在实践过程中积累了大量的专业知识。而一旦发生大型自然灾害，必然会产生大量的弱势群体，如妇女、青少年以及儿童、残疾人、老年人、贫困

① "灾后重建过程中的公民社会发育和协商民主探索"课题组：《NGO 在"5·12 汶川大地震"救灾和重建过程中的作用调查报告》，http://prover2000.blog. 163. com/blog/static/126802348200911602358527。
② 李增勇：《四川绵竹救灾样本调查：政府将 NGO 纳入救灾体系》，《新京报》2008 年 7 月 2 日。

人群等。社会组织一般都是某一专业领域的机构或团体，具备一定的专业知识和相关工作经验，能够为灾区重建工作提供有效的专业服务，因此开展相关重建工作的专业性强。同时，社会组织的专业队伍与正式组织机构中的专家资源不同，其基于兴趣和责任，在组织机构、运作领域纵横交错，形成一种社会资本。其提供的信息和专业知识，以及基于宗旨的社会行动，对及时发现社会隐患并做出秩序内的调适，提升应对大型自然灾害的能力具有重要意义。[①]

　　在汶川特大地震发生后，最早到达绵竹市遵道镇的罗世鸿带领的志愿者团队参加过贵州抗冰救灾，有较为丰富的救灾经验；随后到达的深圳登山户外运动协会队员在野外搜寻和营救方面训练有素……[②]而无国界医生（Dorctors Without Borders）更是一家拥有多年救护经验和专业化队伍的社会组织。[③] 在紧急时期、后紧急时期与重建时期，无国界医生有不同的工作侧重点。汶川

---

① 张强、陆奇斌、张欢等编著《巨灾与 NGO——全球视野下的挑战与应对》，北京大学出版社，2009，第 15~16 页。

② 黄明全：《弘扬伟大抗震救灾精神，开创社会组织管理工作新局面——在四川省 "5·12" 抗震救灾先进非营利组织表彰会上的讲话》，http://www.sc-mz.gov.cn/read.asp? id = 3396。

③ 无国界医生是一家由各国专业医学人员组成的国际性志愿者组织。该组织又称 Medecins Sans Frontieres（MSF），于 20 世纪 70 年代由一些法国医生创立，2008 年有 2000 余名成员在 80 个国家工作。无国界医生成员包括医生、护士、麻醉师、实验室研究员、后勤人员、助产士、行政人员等，他们虽然来自不同的地区，信奉不同的宗教，但有共同的目标。他们贡献自己的专业知识，平等地对待不同种族及宗教背景的人士。所有志愿工作者均遵从无国界医生组织宪章。无国界医生的救援行动不分种族、政治及宗教，目标是为受天灾、人祸及战火影响的受害者提供援助。无国界医生严格遵守国际医疗守则，坚守提供人道援助的权利，并且保持中立不偏之立场。无国界医生要求在进行救援行动时不受到任何阻挠。无国界医生的志愿工作者同意遵守其专业操守，并坚守政治、经济及宗教的中立立场。作为志愿工作者，无国界医生的成员明了执行任务时自身面对的危险，并且不会要求无国界医生进行多于该组织所能提供的赔偿。无国界医生拥有的权力并不是基于某种官方或国际上的委任，而是基于人道主义和全世界 240 万名捐助者的委托及数千名志愿人员的热心工作。

特大地震发生初期，在对灾区进行评估后，一支包括骨科医生的无国界医生救援队伍在重灾区广汉市支持一个分流中心，两名肾科专家则在成都三家医院支持出现"挤压综合征"的患者。在绵竹市汉旺镇，无国界医生于一家医院提供临床支持。汶川特大地震发生两个星期后，无国界医生又开始着手对灾民进行心理方面的辅导。一年来，无国界医生做到了跟进患者并提供帮助。

红十字鹤童绵竹市紫岩护理中心落成①

坐落在绵竹市剑南镇玉妃路二段602号剑南镇政府旁边的红十字鹤童绵竹市紫岩护理中心，是天津市鹤童老年公益基金会承接中国红十字基金会援助四川灾区项目之一。该护理中心占地面积900平方米，庭院式的环境古朴幽雅，清新怡人。"人道、博爱、奉献"六个醒目的大字张贴在护理中心活动大厅内。从2008年12月1日起，该护理中心开始收住第一批孤老、孤残老年人。迄今为止，该护理中心已收养孤老、孤残老年人10位，其中，双目失明者3位，骨折者2位。

该护理中心的整体布局与设施体现了以老年人和残疾人为本，设计专业，标准严格，精心装修，设有老年人居室10间，为2~4人房间，设有床位40张。该护理中心的每个房间均配有冷暖式空调，以保证老年人四季生活舒适；还设有特殊使用功能的洗澡房和卫生间、康复健身房和护士站，以满足住养老年人和残疾人的基本需要。

"5·12"汶川特大地震发生后，红十字鹤童绵竹市紫岩护理中心立即向全国养老机构发出倡议，成立对灾区孤

---

① 《红十字鹤童绵竹市紫岩护理中心落成》，http://www.crcf.org.cn//article/12061。

老、孤残老年人进行长期照护的全国联盟，响应者众。此外，护理中心还第一时间派出专业照护小分队奔赴地震灾区德阳市，接着有来自河北、陕西、辽宁和安徽等省份养老机构长期照护全国联盟赴灾区小分队。专业化社团、专业志愿者，有序参与、有效服务，红十字鹤童绵竹市紫岩护理中心曾先后照护因震致伤、致残的孤寡老人和各类灾民 2000 余人，荣获"德阳市抗震救灾志愿者工作先进集体"称号。

对因灾致孤、致残的老年人和残疾人进行长期照护，是红十字鹤童绵竹市紫岩护理中心与长期照护全国联盟的重要工作。中国红十字基金会灾后重建项目向民间团体首次招标，红十字鹤童绵竹市紫岩护理中心一举中标，实施了该项目。

7. 低成本

社会组织能够以有限的资源，成倍撬动社会资源，最大限度地实现资金的公益效益和社会效益。例如，华夏志愿者服务社开展的"志愿者小分队赴川紧急救援"项目在第一时间进入灾区，协助遵道镇政府做好灾民安置工作，动员各方资源，为灾民筹集了价值近百万元紧急物资，而项目的支出仅为 4 万多元。又如，陕西省妇女理论婚姻家庭研究会开展"灾民互助搭建过渡安置房"项目，项目经费 8 万多元，共为 296 户村民提供了彩钢瓦，为搭建过渡安置房提供了专业建议，提高了过渡安置房的质量，受益村民 826 人。同时，"灾民互助搭建过渡安置房"项目在 3 个村民小组共建立公共浴室 3 座、公共活动中心 2 座，丰富了受灾村民的文化活动，改善了受灾村民的生活质量，推动了社区功能的恢复。再如，南江县南江黄羊发展专业协会开展"南江县农村社区灾后恢复重建"项目，项目经费 9 万多元，给 5 个项目社区拉动了政府和民间组织共 533.91 万元的投入。①

（二）社会组织的不足②

社会组织在参与抗震救灾的过程中面临很多困难或挑战。除了工作经费不足，此次调查社会组织遇到的困难或挑战依次为：人力资源不足（38.9%），服务组织之间缺乏资源整合（34.9%），无办公场所（28.9%），专业性知识不足（28.9%），与当地政府互动困难（22.8%）（见图 2-3）。可见，要推动在灾区提供服务的社会组织的发展，除了缓解它们在资金方面的压力，还要在人力资源、专业性知识等方面为它们提供帮助。

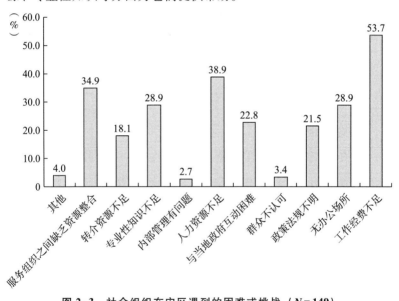

图 2-3　社会组织在灾区遇到的困难或挑战 （N = 149）

1. 工作经费不足

在 149 家社会组织中，超过一半的社会组织（53.7%）遇到的困难或挑战是工作经费不足。如表 2-3 所示，"完全没有"工

---

① 《促进基金会与草根 NGO 的合作——NGO 5·12 灾后重建合作论坛举行》，http://naradafoundation.blog.sohu.com/116940507.html。

② 此部分数据来自笔者于 2009 年 7~8 月对灾区的调查。

作经费压力的社会组织只占 2.0%，"没有"工作经费压力的社会组织占 12.8%，工作经费压力"一般"的社会组织占 32.2%，工作经费压力"较大"的社会组织占 22.8%，工作经费压力"非常大"的社会组织占 30.2%。由于工作经费不足，在应对自然灾害时，社会组织动员资源的能力相对于政府和市场来说较弱，在处理某些问题的时候，往往会感到力不从心。

表 2-3　社会组织的工作经费压力（$N=149$）

单位：人，%

选项	频数	占比
完全没有	3	2.0
没有	19	12.8
一般	48	32.2
较大	34	22.8
非常大	45	30.2

2. 人力资源不足

人是组织中最核心的组成要素之一，人直接决定了组织的发展情况。而参与汶川特大地震救助的社会组织，绝大多数都规模偏小，甚至有相当一部分是刚刚成立的，人员普遍偏少，缺乏优秀的专业技术人员和人才储备。

在社会组织的人员数量方面，笔者对汶川特大地震救灾中各社会组织的专职工作人员数、兼职工作人员数、曾经在灾区工作的人员数、在灾区工作的人员数进行了调查。

关于社会组织的专职工作人员数，在 149 家社会组织中，148 家社会组织提供了它们的专职工作人员数，结果如图 2-4 所示。在这 148 家社会组织中，大部分社会组织的规模比较小，20.9%的社会组织没有专职工作人员，而且大部分社会组织（60.8%）的专职工作人员为 1~10 人。

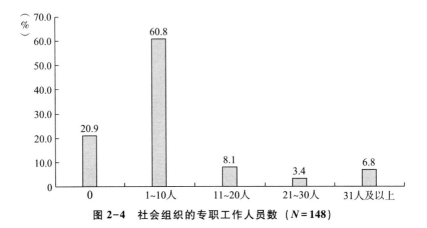

图 2-4　社会组织的专职工作人员数（$N=148$）

关于社会组织的兼职工作人员数，在 149 家社会组织中，148 家社会组织提供了它们的兼职工作人员数。如图 2-5 所示，在 148 家社会组织中，没有兼职工作人员的占 36.5%，兼职工作人员为 1~10 人的占 40.5%。

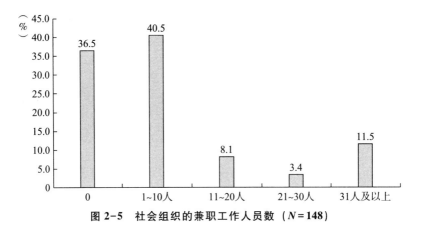

图 2-5　社会组织的兼职工作人员数（$N=148$）

关于社会组织曾经在灾区工作的人员数，在 149 家社会组织中，只有 107 家社会组织回答了此问题，这 107 家社会组织曾经在灾区工作的人员数如表 2-4 所示。在这 107 家社会组织中，29.0% 的社会组织有 1~10 人曾经在灾区工作，16.8% 的社会组织有 11~20 人曾经在灾区工作，2.8% 的社会组织曾经有 21~30 人曾经在灾区工作，44.9%的社会组织有 31 人及以上曾经在灾区工作。

表 2-4　社会组织曾经在灾区工作的人员数（N = 107）

单位：人，%

	频数	占比
1~10 人	31	29.0
11~20 人	18	16.8
21~30 人	3	2.8
31 人及以上	48	44.9

社会组织在灾区工作的人员数如表 2-5 所示。在 149 家社会组织中，37.6%的社会组织在调查时没有人员在灾区工作，这些社会组织可能已经解散，或是已经撤出了灾区；37.6%的社会组织在调查时有 1~10 人在灾区工作；11.4%的社会组织在调查时有 11~20 人在灾区工作；3.4%的社会组织有 21~30 人在灾区工作；10.1%的社会组织在调查时有 31 人及以上还在灾区工作。

表 2-5　社会组织在灾区工作的人员数（N = 149）

单位：人，%

	频数	占比
0	56	37.6
1~10 人	56	37.6
11~20 人	17	11.4
21~30 人	5	3.4
31 人及以上	15	10.1

3. 社会组织内部资源的整合亟待加强

在汶川特大地震抗震救灾过程中，社会组织虽然积极动员并广泛参与，但其内部行动并不协调。由于信息沟通不及时，救灾

过程发生了一些混乱。

4. 专业性不强

有的社会组织仅凭热情和激情行事，缺乏必要的专业素养和水准，反而对救灾产生不利影响。有的社会组织缺乏专业性，无法充分发挥自身的救灾功能。

5. 无办公场所

大型自然灾害发生时，灾区的住房普遍遭到破坏，政府和居民往往通过搭建帐篷或板房等临时建筑满足办公和生活需求，但这些临时建筑数量有限，不能为社会组织提供较好的办公场所。社会组织需要自己搭建帐篷或者板房作为临时办公和活动场所。

6. 与当地政府互动困难

灾区大多地处偏远山区，在地震发生前，除了一些官办社团，当地政府基本没有接触过社会组织，这使其对社会组织产生防备心理，并且以一种管理和控制的思路对待社会组织，导致社会组织与其互动困难。

第三章 大型自然灾害状态下政府与社会组织关系基本状况与合作中的问题：以汶川特大地震为例

第一节 汶川特大地震中政府与社会组织关系基本状况

根据作者 2009 年在灾区的调查，共有 300 多家社会组织参与了汶川特大地震的灾后重建工作。

一 社会组织参与抗震救灾的基本情况

1. 社会组织关注的主要议题

从图 3-1 中可以看到，教育和心理健康是最受社会组织关注的议题，关注这两项议题的社会组织均占总数的 61.1%，这可能反映了受灾群众对教育和心理健康有较大的需求，也可能是这两项议题是社会组织较易介入的领域；有超过半数（51.7%）的社会组织关注社区发展议题；关注卫生、生计和就业、文化和艺术、生态环境、住房议题的社会组织分别占 32.8%、31.5%、26.8%、20.1%、12.1%。另外，还有 12.8% 的社会组织关注其他方面的议题。

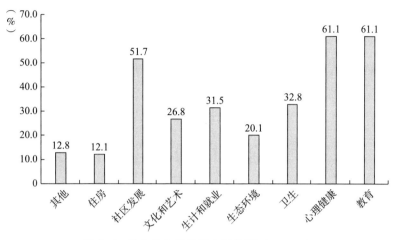

图 3-1　社会组织关注的主要议题（$N = 149$）

2. 社会组织提供的主要服务

与社会组织关注的主要议题为教育和心理健康一致，有超过一半的社会组织主要提供儿童（小学及以下）服务（60.4%）、青少年（中学及以上）服务（53.0%）、家访慰问（51.7%）、心理援助（51.0%）；还有一些服务主要集中在物资捐赠（45.6%）、老年人服务（43.0%）、调查灾情（42.3%）、培训活动（36.9%）、妇女服务（34.9%）、分发调配救灾物资（32.9%）等方面（见图 3-2）。

3. 社会组织的性质

社会组织中事业单位（包括高校）占 26.2%；民政注册组织占 26.8%；没有注册的志愿者组织（团队）占 25.5%；境外社会组织占 13.4%；工商注册组织和其他性质的组织均只占 4.0%（见表 3-1）。从调查结果中可以看出，超 1/4 的社会组织没有注册，这反映了当时社会组织在获得合法性身份方面面临着比较多的困难。

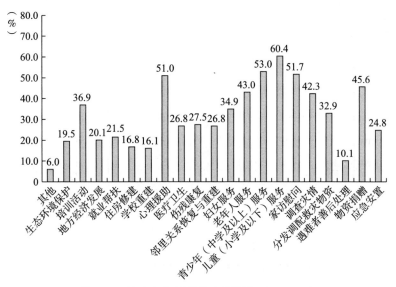

图 3-2　社会组织提供的主要服务（$N = 149$）

表 3-1　社会组织的性质（$N = 149$）

单位：人，%

选项	频数	占比
事业单位（包括高校）	39	26.2
民政注册组织	40	26.8
工商注册组织	6	4.0
没有注册的志愿组织（团队）	38	25.5
境外社会组织	20	13.4
其他性质的组织	6	4.0

4. 社会组织的资金来源

如图 3-3 所示，社会组织有多个资金来源，其中，社会组织内部自筹占比最高，为 37.6%，其余依次为境内基金会赞助（30.2%）、私人捐赠（27.5%）、境外基金会赞助（26.2%）、上属机构拨款（21.5%）、政府拨款（18.1%）等。

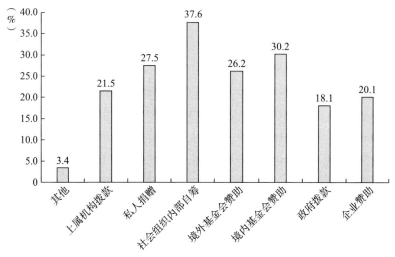

图 3-3　社会组织的主要资金来源 （N＝149）

二　社会组织参与抗震救灾的主要特点

1. 多数来自全国各地乃至海外

参与抗震救灾的社会组织大多来自全国各地乃至海外，因此对当地的情况和需求把握不准。受访对象表示，"（社会组织）对当地情况不了解，造成有些工作的效果不是太理想""由于地震灾害太严重，多方面的原因，地区的实际情况很复杂，过来的机构和志愿者不太了解本地的情况""应加强与政府部门的联系和沟通，毕竟很多事情需要得到政府的支持""灾情的严重程度也大大超出了这些机构的工作能力限度"。①

2. 与政府配合密切并且优势互补

在灾后重建过程中，政府依然处于主导地位。但由于灾区群众的需求琐碎，并且时刻都在发生变化，政府没有精力做到细致入微、面面俱到，也不擅长做那些工作，而社会组织在提供深

①　来自笔者于 2009 年 7～8 月对灾区的调查。

入、细致、个性化的服务尤其是人际关系修复、社区发展等方面
具有优势。由于扎根社区，社会组织能够敏锐地发现灾区群众的
需求变化，迅速做出需求评估，拾遗补阙，从而有效填补政府主
导型公共管理的服务空白。如万科公民社会项目办公室、深圳登
山户外运动协会、成都 5·12 民间救助中心和友成企业家扶贫基
金会等多家民间团体在绵竹市遵道镇党委政府的大力支持下，于
2008 年 5 月 18 日联合成立了志愿者协调办公室，志愿者协调办
公室与政府密切合作，接受遵道镇团委的指导。在合作过程中，
政府与社会组织逐渐明确各自的专长和负责领域：政府主要负责
全面和整体工作，社会组织则关注细节，专注于政府无暇顾及的
领域，成为政府工作的有益补充。两者形成了一种相互补充和合
作的建设性关系。另外，绵竹市本着灾后重建政府主导、社会参
与的原则，积极探索政府与社会资源互动合作的模式，借助麦肯
锡公司和友成企业家扶贫基金会的智力与人力资源，于 2008 年 7
月 17 日创建了绵竹市灾后援助社会资源协调平台，并开通了社
会资源协调网站。通过该平台，政府能收集灾后重建需求信息，
有效动员与服务各类援助机构，满足灾后重建的各种迫切需要。这
样一个社会性互动平台的建立，既标志着一种新的灾后社会救援物
资协调模式的产生，也隐约可见一种治理格局正在形成。[①]

3. 服务内容丰富、形式多样

社会组织深入灾区一线，在充分了解灾区群众需求的基础
上，为他们提供内容丰富、形式多样的社会服务，彰显了自身服
务社会、服务群众的理念。从服务对象来看，社会组织的服务范
围非常广泛，不仅关注一般灾区群众，而且重视弱势群体，如老
年人、残疾人、妇女等；从服务内容来看，社会组织提供的服务

---

① "灾后重建过程中的公民社会发育和协商民主探索"课题组：《NGO 在 "5·
12 汶川大地震" 救灾和重建过程中的作用调查报告》，http://prover2000.
blog. 163. com/blog/static/12680234820091116023 58527。

内容非常丰富，不仅涉及经济援助、物资捐赠、就业帮扶、生产恢复，还涉及心理辅导、社区重建、邻里关系等社会关系的重建等；从服务方式来看，社会组织提供服务的方式非常灵活，针对灾区的特殊情况，打破了常规的服务方式，通过走访、上门等形式，变被动服务为主动服务。

三 汶川特大地震中政府与社会组织关系的基本情况

1. 灾区干部对社会组织提供服务的了解情况

地震发生后，大量的社会组织进入灾区，为灾区群众提供了多种服务，参与灾区生产、生活的恢复与重建。那么，社会组织究竟提供了哪些服务？笔者通过问卷的形式，调查了灾区干部对社会服务组织提供服务的了解情况。如表 3-2 所示，社会组织为灾区提供的服务包括"应急安置"（31.8%）、"物资捐赠"（71.4%）、"遇难者善后处理"（15.1%）、"分发调配救灾物资"（43.8%）、"调查灾情"（50.0%）、"家访慰问"（55.7%）、"儿童（小学及以下）服务"（59.4%）、"青少年（中学及以上）服务"（50.5%）、"老年人服务"（38.0%）、"妇女服务"（38.0%）、"邻里关系恢复与重建"（28.1%）、"伤残康复"（24.5%）、"医疗卫生"（35.4%）、"心理援助"（51.6%）、"学校重建"（33.3%）、"住房修建"（32.8%）、"就业帮扶"（26.0%）、"地方经济发展"（27.1%）、"培训活动"（40.6%）、"生态环境保护"（20.8%）。在这 20 项服务中，被调查者对"物资捐赠""儿童（小学及以下）服务""家访慰问""心理援助""青少年（中学及以上）服务""调查灾情"的了解程度较高，有一半及以上的被调查者了解这些服务。而了解程度较低的服务为"遇难者善后处理"和"生态环境保护"。

表 3-2 灾区干部对社会组织提供服务的了解情况 （ $N=192$ ）

单位：人，%

服务类型	频数	占比
（1）应急安置	61	31.8
（2）物资捐赠	137	71.4
（3）遇难者善后处理	29	15.1
（4）分发调配救灾物资	84	43.8
（5）调查灾情	96	50.0
（6）家访慰问	107	55.7
（7）儿童（小学及以下）服务	114	59.4
（8）青少年（中学及以上）服务	97	50.5
（9）老年人服务	73	38.0
（10）妇女服务	73	38.0
（11）邻里关系恢复与重建	54	28.1
（12）伤残康复	47	24.5
（13）医疗卫生	68	35.4
（14）心理援助	99	51.6
（15）学校重建	64	33.3
（16）住房修建	63	32.8
（17）就业帮扶	50	26.0
（18）地方经济发展	52	27.1
（19）培训活动	78	40.6
（20）生态环境保护	40	20.8
（21）其他	17	8.9

资料来源：笔者于 2009 年 7~8 月对灾区的调查。

2. 灾区干部对社会组织提供服务的评价

本研究进行的问卷调查和访谈结果显示，灾区干部对社会组织提供的服务总体上比较满意，认为社会组织能够积极协助、配合政府开展工作，切实满足群众需求，回应群众诉求，在抗震救灾和灾后重建过程中扮演了重要角色，是政府的得力助手。社会组织为维护社会稳定、促进灾区重建、推动和谐社会发展做出了重大贡献，能够成为党和政府解决社会问题、缓解社会矛盾、增进社会团结、维护社会稳定的重要力量。同时，研究发现，由于社会组织发展参差不齐，某些社会组织提供的服务不能满足群众的需求，需要政府给予正确引导。

灾区干部对社会组织提供服务的满意度见表3-3。对于"应急安置"服务，32.8%的灾区干部表示"满意"，66.7%的灾区干部表示"一般"，0.5%的灾区干部表示"不满意"；对于"物资捐赠"服务，67.2%的灾区干部表示"满意"，32.8%的灾区干部表示"一般"；对于"遇难者善后处理"服务，14.1%的灾区干部表示"满意"，85.4%的灾区干部表示"一般"，0.5%的灾区干部表示"不满意"；对于"分发调配救灾物资"服务，42.2%的灾区干部表示"满意"，57.8%的灾区干部表示"一般"；对于"调查灾情"服务，44.8%的灾区干部表示"满意"，54.7%的灾区干部表示"一般"，0.5%的灾区干部表示"不满意"；对于"家访慰问"服务，51.6%的灾区干部表示"满意"，48.4%的灾区干部表示"一般"；对于"儿童（小学及以下）服务"，54.7%的灾区干部表示"满意"，45.3%的灾区干部表示"一般"；对于"青少年（中学及以上）服务"，43.8%的灾区干部表示"满意"，56.3%的灾区干部表示"一般"；对于"老年人服务"，34.4%的灾区干部表示"满意"，65.1%的灾区干部表示"一般"，0.5%的灾区干部表示"不满意"；对于"妇女服务"，33.9%的灾区干部表示"满意"，66.1%的灾区干部表示"一般"；对于"邻里关系恢复与重建"服务，25.5%的灾区干部表示"满意"，74.5%的灾区干部表示"一般"；对于"伤残康复"服务，24.0%的灾区干部表示"满意"，76.0%的灾区干部表示"一般"；对于"医疗卫生"服务，33.9%的灾区干部表示"满意"，66.1%的灾区干部表示"一般"；对于"心理援助"服务，

46.4%的灾区干部表示"满意"，53.6%的灾区干部表示"一般"；对于"学校重建"服务，31.8%的灾区干部表示"满意"，68.2%的灾区干部表示"一般"；对于"住房修建"服务，30.2%的灾区干部表示"满意"，69.8%的灾区干部表示"一般"；对于"就业帮扶"服务，24.5%的灾区干部表示"满意"，75.5%的灾区干部表示"一般"；对于"地方经济发展"服务，22.4%的灾区干部表示"满意"，77.6%的灾区干部表示"一般"；对于"培训活动"服务，39.6%的灾区干部表示"满意"，60.4%的灾区干部表示"一般"；对于"生态环境保护"服务，20.8%的灾区干部表示"满意"，79.2%的灾区干部表示"一般"。

在这20项服务中，满意度较高的前6项依次为"物资捐赠""儿童（小学及以下）服务""家访慰问""心理援助""调查灾情""青少年（中学及以上）服务"；满意度较低的为"遇难者善后处理""生态环境保护""地方经济发展""伤残康复""就业帮扶"。笔者通过调查发现，社会组织不仅要将目前已获得一定成效的工作继续做下去，还要拓展生计发展、环境保护等方面的服务。

表 3-3　灾区干部对社会组织提供服务的满意度（N = 192）

单位：人，%

服务类型		满意	一般	不满意
（1）应急安置	频数	63	128	1
	占比	32.8	66.7	0.5
（2）物资捐赠	频数	129	63	0
	占比	67.2	32.8	0
（3）遇难者善后处理	频数	27	164	1
	占比	14.1	85.4	0.5
（4）分发调配救灾物资	频数	81	111	0
	占比	42.2	57.8	0

服务类型		满意	一般	不满意
（5）调查灾情	频数	86	105	1
	占比	44.8	54.7	0.5
（6）家访慰问	频数	99	93	0
	占比	51.6	48.4	0
（7）儿童（小学及以下）服务	频数	105	87	0
	占比	54.7	45.3	0
（8）青少年（中学及以上）服务	频数	84	108	0
	占比	43.8	56.3	0
（9）老年人服务	频数	66	125	1
	占比	34.4	65.1	0.5
（10）妇女服务	频数	65	127	0
	占比	33.9	66.1	0
（11）邻里关系恢复与重建	频数	49	143	0
	占比	25.5	74.5	0
（12）伤残康复	频数	46	146	0
	占比	24.0	76.0	0
（13）医疗卫生	频数	65	127	0
	占比	33.9	66.1	0
（14）心理援助	频数	89	103	0
	占比	46.4	53.6	0
（15）学校重建	频数	61	131	0
	占比	31.8	68.2	0
（16）住房修建	频数	58	134	0
	占比	30.2	69.8	0
（17）就业帮扶	频数	47	145	0
	占比	24.5	75.5	0
（18）地方经济发展	频数	43	149	0
	占比	22.4	77.6	0
（19）培训活动	频数	76	116	0
	占比	39.6	60.4	0

续表

服务类型		满意	一般	不满意
（20）生态环境保护	频数	40	152	0
	占比	20.8	79.2	0
（21）其他	频数	18	174	0
	占比	9.4	90.6	0

资料来源：笔者于 2009 年 7~8 月对灾区的调查。

3. 政府对社会组织的支持

　　从实践来看，社会组织要发挥积极作用，离不开政府的支持和帮助，也离不开政府的正确引导。地震发生后，灾区政府在资源匮乏的情况下，也尽力协助社会组织开展工作。灾区政府为社会组织提供的协助如表 3-4 所示，包括办公场地（49.5%）、活动场地（67.7%）、工作人员的食宿（41.7%）、交通工具（19.8%）、与上级部门沟通协调（63.5%）、政策咨询（44.3%）、资金投入（10.4%）、回应社会组织反映的群众需求（45.3%）。另外，政府还提供了其他（1.6%）方面的协助，如为社会组织介绍当地的情况、与社会组织的服务对象进行沟通协调等。从表 3-4 中可以看出，政府为社会组织提供的协助中，活动场地、与上级部门沟通协调、办公场地所占比例较高，而资金投入所占比例最低。

表 3-4　政府为社会组织提供的协助（$N=192$）

单位：人，%

	频数	占比
（1）办公场地	95	49.5
（2）活动场地	130	67.7
（3）工作人员的食宿	80	41.7
（4）交通工具	38	19.8
（5）与上级部门沟通协调	122	63.5
（6）政策咨询	85	44.3

续表

	频数	占比
（7）资金投入	20	10.4
（8）回应社会组织反映的群众需求	87	45.3
（9）其他	3	1.6

资料来源：笔者于 2009 年 7~8 月对灾区的调查。

在问卷调查过程中，我们也向各社会组织了解了其对与当地政府部门的互动、地方政府的配合和支持以及与社会组织相关的政策、法规等的满意度（见表 3-5）。

表 3-5　社会组织对与当地政府部门的互动、地方政府的配合和支持
以及与社会组织相关的政策、法规等的满意度

单位：人，%

	满意度	频数	占比
与当地政府部门的互动 （N = 147）	完全满意	30	20.4
	满意	65	44.2
	一般	48	32.7
	不满意	4	2.7
	完全不满意	—	—
地方政府的配合和支持 （N = 149）	完全满意	33	22.1
	满意	62	41.6
	一般	44	29.5
	不满意	9	6.0
	完全不满意	1	0.7
与社会组织相关的政策、 法规等（N = 149）	完全满意	19	12.8
	满意	61	40.9
	一般	48	32.2
	不满意	20	13.4
	完全不满意	1	0.7

资料来源：笔者于 2009 年 7~8 月对灾区的调查。

第二节　汶川特大地震中政府与社会组织 合作存在的问题

汶川特大地震发生后，社会组织虽然与政府在整体上呈现合作的状态，但是政府与社会组织合作存在以下问题。

一　相关救灾法律法规和政策缺乏社会组织参与灾害救助的具体规定

就救灾的法规体系而言，虽然当时我国还没有一部综合性的减灾法或减灾条例，但存在一些单行法，包括《中华人民共和国防洪法》、《中华人民共和国防震减灾法》和《中华人民共和国突发事件应对法》等，还有一些国务院行政法规及规范性文件，包括《国家突发公共事件总体应急预案》《国家自然灾害救助应急预案》《破坏性地震应急条例》，以及汶川特大地震发生后制定的《汶川地震灾后恢复重建条例》等。这些法律法规对社会组织或志愿者参与救灾做出了明确规定。比如，2006 年发布的《国家突发公共事件总体应急预案》规定，"动员社会团体、企事业单位以及志愿者等各种社会力量参与应急救援工作"。2007 年制定的《中华人民共和国突发事件应对法》第十一条第二款规定，"公民、法人和其他组织有义务参与突发事件应对工作"；第三十四条规定，"国家鼓励公民、法人和其他组织为人民政府应对突发事件工作提供物资、资金、技术支持和捐赠"。2024 年修订的《国家自然灾害救助应急预案》规定，"建立健全灾害救助协同联动机制，引导社会力量有序参与""健全完善灾害应急救援救助平台，引导社会力量和公众通过平台开展相关活动，持续优化平台功能，不断提升平台能力""科学组织、有效引导，充分发挥乡镇党委和政府、街道办事处、村民委员会、居民委员会、企事业单位、社会组织、社会工作者和志愿者在灾害救助中的作用"。从中可以看出，政府非常重视群众特别是社会组织和志愿者的参与。但总的来说，在现行各级各类救灾法律法规或者制度安排中，关于社会组织参与救灾的相关规定基本上是宏观层面的原则性、笼统性规定，还缺乏详细而具体的、具有可操作性的规定，也没有形成相应的参与机制和工作制度，导致救灾过程中社会组织缺乏正式的、制度化的参与渠道。

在我国汶川特大地震发生时的救灾组织架构中，国家减灾委员会为国家自然灾害救助应急综合协调机构，负责研究制定国家减灾工作的方针、政策和规划，协调开展重大减灾活动，指导地方开展减灾工作，推进减灾国际交流与合作，组织、协调全国抗灾救灾工作。国家减灾委员会主任由国务院副总理担任，其成员包括民政部、交通部、建设部、财政部等国务院部门，中国红十字会等34个成员单位。国家减灾委员会办公室、全国抗灾救灾综合协调办公室设在民政部。从成员构成来看，政府也考虑到社会组织的参与，但是只有中国红十字会一家机构，其他社会组织和志愿者并没有被纳入管理体制。从实际调查情况来看，只有中国红十字会系统和中华慈善总会系统有正式参与渠道。①

中国红十字会是具有官方背景的民间组织，其组织网络相对健全。中国红十字会的工作人员享受国家公务员待遇，行政经费部分来源于国家财政拨款。因为中国红十字会的首要职责就是备灾救灾，且拥有备灾救灾的物资和经验，所以中国红十字会系统的救灾响应是比较迅速和有效的。更重要的是，中国红十字会是国家减灾委员会的成员单位，各级红十字会也是各地减灾委的成员单位。因此，中国红十字会系统有正式的、制度化的渠道参与抗震救灾。

---

① 邓国胜等：《响应汶川——中国救灾机制分析》，北京大学出版社，2009，第173页。

与中国红十字会一样，中华慈善总会也拥有健全的组织网络。汶川特大地震发生时，各省（自治区、直辖市）都成立了省级慈善会，地级市大多也成立了慈善会。不过，慈善会的自主性比中国红十字会弱，绝大多数省级慈善会都只是民政厅的一个处级机构，基层的慈善会更谈不上自主性。民政部是国家减灾委员会的重要成员单位和减灾办公室所在地，而慈善会又具有民政部门的另一个"民间"身份，因此，中华慈善总会系统也拥有正式的、制度化的参与抗震救灾的渠道。

由此可以看出，社会组织并没有正式的法律地位可以保证其参与救灾。因此，应加强对社会组织管理的立法，在有关危机管理法规中明确社会组织的地位、角色、作用和责任，在法律上对社会组织处理灾害危机事件的行为加以规范，为社会组织有序参与自然灾害救助提供法律保障。[1]

二　政府缺乏统一的协调平台和机制

虽然社会组织广泛参与汶川特大地震抗震救灾，但是它们在相互之间尤其是和政府之间的协调仍比较弱。特别是，社会组织和政府呈现一种区隔状态，协调机制很难在短时间内建立。在灾区的社会组织基本上都是各自为政，没有权威的业务主管部门统一管理和协调平台，造成社会组织工作的局限性，未能实现社会服务的全面性和综合性。社会组织缺乏与政府的沟通，得不到政府及时有效的支持，这无疑增加了其工作难度，造成了资源的重复和浪费。比如，很多志愿者到了一线以后不知该往哪里去，这在某种程度上干扰了政府的有效救助；在去往灾区的途中，一些民间车辆造成了比较大的交通压力；赈灾物资运往映秀后，北京某基金组织发现当地灾民基本上已经全部撤离。更重要的是，一

---

[1]　钟铸：《我国灾害危机管理中 NGO 与政府的协作问题研究》，硕士学位论文，电子科技大学，2009。

些未经协调便蜂拥而至的社会组织及志愿者在某种程度上打乱了政府的救灾部署，给灾区造成新的压力。这些情况之所以会出现，一是因为这是国内社会组织首次参与大规模联合救灾，经验不足；二是因为社会组织平时的活动受到诸多限制，少有横向联系和交流；三是因为政府一开始并没有把民间救援行动纳入官方救援计划的准备，而这也是最重要的一个方面。[①] 政府在当时所有的预案和行动中都很少考虑到社会组织的参与，即使考虑到了，也多是从人力需求、资源需求而不是真正全面的组织的参与考虑的。

三　政府对社会组织的日常管理不到位

尽管政府对社会组织进入灾区有诸多限制，但是在社会组织进入灾区后，政府对其日常监管较少。一方面，在法律法规上，还没有一套可操作化的监管体制，只有一些原则性规定，如不可以挪用资金、不可以预留过多的管理费等，对具体的程序、细节涉及较少，如谁来管，假如违反了规定怎么办，公众怎么知道它违反了规定，哪个部门管这种事，公众怎么能够了解，公众怎么能够监督。[②] 另一方面，社会组织体系本身是多元化的，对它们的监督也需要多元化。比如，除了要求社会组织充分公开信息，还应通过独立的评估机构对其进行评估，再加上公众参与和问责及政府监管等途径，可以使各种监督之间相互检验和印证，也能因此形成某种制约和平衡，从而在较大程度上使组织的运行制度化。[③]

---

① 王启友：《抗震救灾凸显 NGO 与政府的协同性问题》，《成都行政学院学报》2008 年第 3 期，第 4~6、36 页。
② 赵继成：《NGO 问题研究专家贾西津：政府对 NGO 要有开放心态》，《新京报》2008 年 5 月 31 日。
③ 王启友：《抗震救灾凸显 NGO 与政府的协同性问题》，《成都行政学院学报》2008 年第 3 期，第 4~6、36 页。

在社会组织进行资金募集方面同样存在监管问题。汶川特大地震发生后，大街上一下子出现很多赈灾募捐点，但有的是以行骗为目的的。虽然从客观上看，只有多元化的捐赠渠道才能有多元化的选择，才能真正发挥社会组织的作用，但是在当时的中国，多元化的捐赠渠道还存在一个归置的问题，也就是说，谁有资格来募捐，募捐以后怎样进行管理？既要让社会组织比较容易地获得募集资格，又要对它的募捐资格进行一系列的监管，比如，有民政部门的监管，有规范的年度报告，有独立的财务审计，等等。

四　社会组织的救灾能力有待进一步提高

政府与社会组织合作的基本前提是，社会组织具备相应的能力。汶川特大地震是我国社会组织首次大规模地介入救灾，再加上我国社会组织规模较小，甚至有的是汶川特大地震发生后才成立的，普遍面临救灾经验缺乏、专业能力不足的问题，也缺乏相应的理论指导，导致其灾害救助能力远远不能满足灾区需求，也就不能获得政府的充分信任。因此，亟须加强社会组织在需求评估、资源动员、协调整合、项目管理、专业服务等方面的能力建设，使其在资金筹集、项目设计、项目运作及项目后期评估方面了解服务对象需求，从而有力、有序、有效地参与灾后重建工作。

第四章 大型自然灾害状态下政府与社会组织合作对策（一）：信息合作

大型自然灾害发生后，要想有力、有序、有效地进行救助，全面、准确地掌握灾害信息是前提。由于大型自然灾害往往会使灾区道路和通信中断，灾害信息不能得到准确传递，政府和社会组织无法获得完整的受灾状况。在这种情况下，无论是政府还是社会组织，当它们试图开展救灾工作时，都可能带有一定的盲目性。[①] 灾害刚刚发生时，政府不能确切地了解灾害的程度，不知道哪里受灾最严重；灾区群众有需要，却不知道哪些社会组织能提供帮助；社会组织想提供帮助，但不知道服务对象在哪里。特别是灾害发生后的最初几天，通信全部中断，人们连灾区的基本信息都不知道，只能从报纸、电视和广播中获得灾区的消息。因此，被媒体报道多的地方，就成了"明星灾区"；而没有被媒体报道的地方，就成了被忽视灾区。贵州高地发展研究所 LSH 在谈到遵道镇志愿者协调办公室成立的初衷

---

① 萧延中、谈火生、唐海华、杨占国：《多难兴邦——汶川地震见证中国公民社会的成长》，北京大学出版社，2009，第 153 页。

时深有感触地说："在灾区的志愿者多处于混乱状态，在信息不对称的情况下，被媒体重点报道的地方，志愿者'关注过度'；在需要人的地方，又找不到人。很多志愿者满腔热情到灾区，又失望而去。"[1] 当时，很多前往灾区救灾的企业和社会组织都是误打误撞。以万科为例，在汶川特大地震救援过程中，万科的几名员工带着几车救灾物资以最快的速度赶到了灾区，但他们不知道该把物资送到哪里。后来，他们在路上听人说绵竹市受灾也很严重，就去了绵竹市。在绵竹市有人告诉他们土门镇受灾严重，他们就去了土门镇。到了土门镇，他们又听说遵道镇受灾更严重，于是留下一半物资给土门镇的灾民，带上另一半物资赶到了遵道镇。[2] 当时这种情况比较普遍，很多外地社会组织到了四川以后滞留在成都，最重要的原因就是缺乏相关的信息指引。在这种情况下，有的社会组织只能去做一些物资采购和发放工作，而不是发挥自己的专业特长，以更有效的方式服务灾区。

由上可知，尽管信息不对称是一种常态，但是这种现象在灾难来临时变得尤为突出。调查显示，有 71.5% 的民众认为，建立综合信息平台对灾害救援和灾后重建工作具有非常重要的意义。[3] 灾害发生后，政府掌握着绝大部分信息，可以为社会组织参与救灾提供引导，避免其无序救灾；而社会组织也掌握着一部分信息，可以为政府掌握的信息提供补充。因此，政府与社会组织之间首先应该在信息方面进行合作。

---

[1]　李增勇：《四川绵竹救灾样本调查：政府将 NGO 纳入救灾体系》，《新京报》2008 年 7 月 2 日。

[2]　萧延中、谈火生、唐海华、杨占国：《多难兴邦——汶川地震见证中国公民社会的成长》，北京大学出版社，2009，第 155 页。

[3]　清华大学媒介调查实验室：《NGO 参与灾后重建形式与传播效果调查报告》，http://www.nppcn.com/blog/./userdata/1/1734/3/17341217936114.rar。

第一节　典型案例：汶川特大地震后绵竹市灾后重建公益组织联席会议机制①

在"5·12"汶川特大地震抗震救灾和灾后重建的各个阶段，政府与社会组织都展开了诸多方面的合作，其中，信息合作是各项合作的基础。双方只有建立良好的信息沟通甚至共享机制，才能最终实现良性合作。通过对诸多案例进行调查研究，笔者发现，这是一种普遍存在的现象和规律，几乎所有的成功合作案例背后都建立了一种行之有效的信息沟通机制。绵竹市政府与友成企业家扶贫基金会等社会组织的合作堪称政府与社会组织信息合作的典范。

绵竹市是"5·12"汶川特大地震的重灾区。地震致使绵竹市这颗"川西明珠"的工业至少倒退 14 年，人民生活水平倒退 15 年。灾后，大批社会组织第一时间进入绵竹市参与紧急救援，并一直持续到过渡安置和灾后重建阶段，发挥了重大作用。这在很大程度上得益于当地政府以较开放的姿态接纳绝大多数社会组织，并与之展开紧密的合作。在此过程中，绵竹市政府与友成企业家扶贫基金会等社会组织建立了实体的合作部门，并且这种合作机制不断完善和发展，从遵道镇志愿者协调办公室到遵道镇社会资源协调办公室，再到绵竹市灾后援助社会资源协调平台，最后到绵竹市灾后重建公益组织联席会议，这一系列信息平台的建立，有效地解决了需求信息与供给信息不匹配、社会资源信息无序管理等问题。

这一系列合作始于一次非正式的政府与社会组织间的信息合作。绵竹市遵道镇是友成企业家扶贫基金会前线团队到达四川后

---

① 邓湘树、边慧敏、鲁航：《灾害应对中的社会管理创新——绵竹市灾后援助社会资源协调平台项目的探索》，《经营管理者》2012 年第 19 期。

最先考察和调研的重灾区，并且最终成为友成企业家扶贫基金会长期关注和支持的地区。在这一过程中，民盟盟员、绵竹市民政局副局长 FCM 起了至关重要的作用。她通过民盟把相关需求信息发送给友成企业家扶贫基金会，并建议整个团队奔赴遵道镇。遵道镇属于绵竹市受灾情况极其严重的几个乡镇之一，但因为遵道镇在当时并不是一个"明星灾区"，社会关注度不高，而且交通不便，所以在地震发生后的短时间内许多灾情未能及时传递到外界。友成企业家扶贫基金会日夜兼程，经过三天三夜将 11 车救灾物资送到了绵竹市，其中 7 车送到了遵道镇。至此，遵道镇开始成为抗震救灾中一个跨界合作的平台，许多社会组织、志愿者通过这个平台进入并服务灾区。

2008 年 5 月 15 日，友成企业家扶贫基金会、共青团绵竹市委员会联合万科、深圳登山户外运动协会等机构，合作建立了首个政府和企业合作参与救灾的开放性平台——遵道镇志愿者协调办公室。在多方的共同努力下，以办公室为平台，政府、企业、社会组织及个人志愿者、外部资源四方协调机制得以形成。先后有 40 家社会组织（28 家注册、12 家未注册）470 多名在册志愿者参与其中，号称"遵道志愿者联盟"，成为被业内广泛传播、媒体广泛报道的"遵道模式"。"遵道志愿者联盟"成立后，大量灾区需求信息通过该联盟发布到社会，大量救援物资被带到灾区第一线。其中，对志愿者信息的有效梳理和管理，成为"遵道志愿者联盟"最大的特点。有效的组织使志愿行为正当化、有序化和有效化。

在遵道镇，最突出的需求是志愿者管理和物资的有效配给。然而，在市级层面，由于捐赠信息量剧增，有效、科学、合理地解决援助信息之间的高效匹配和管理成为最突出的需求。为此，绵竹市政府、友成企业家扶贫基金会、麦肯锡咨询公司等联合成立了绵竹市灾后援助社会资源协调平台。该平台根据灾后重建

"政府主导，社会参与"的指导思想，进行社会资源的有效整合，实现信息共享、资源共享、有效协调，使社会组织有序参与绵竹市的灾后重建工作，在绵竹市灾后重建乃至经济发展过程中发挥了重要作用。

2009年3月，为了更好地整合资源，使各社会组织之间实现信息共享、资源共享，更有序、有效地参与绵竹市的灾后重建工作，进一步延展社会资源协调平台，绵竹市人民政府、绵竹市政务服务中心、共青团绵竹市委员会、绵竹市民政局、友成企业家扶贫基金会与博爱天下中国公益发展协会联合在绵服务的30家社会组织，共同建立了绵竹市灾后重建公益组织联席会议机制。联席会议是组织、协调、通报、监督、倡导在绵竹市公益组织工作的议事机构。政府在平台上不是社会组织的管理者，而是协调者，联席会议只是一个自愿协调的机制。"社协平台+联席会议"开创了政府与社会组织平等合作的绵竹模式，关键是政府发挥了主导作用，并且向社会组织打开了平等沟通的友善之门。在绵竹市服务的社会组织通过多次召开公益组织联席会议，对在绵竹市服务社会组织间的资源进行有效整合，实现资源共享、信息共享。这一创新性的联席会议机制使绵竹市的社会服务更加有序、有效，让绵竹市的社会服务工作逐步走上细分化、制度化、系统化和社会化之路。

第二节　政府与社会组织信息合作的主要内容

一　加强信息交流，保证信息畅通

大型自然灾害发生后，信息的及时、准确传达，对挽救灾区群众生命、挽回国家及群众财产损失有着至关重要的作用。

在"5·12"汶川特大地震的紧急救援和灾后重建阶段，政府强有力的介入，大量一线灾情得到及时发布和报道，使灾民能够得到迅速救助。然而，大型自然灾害具有突发性及破坏性巨大等特点，会对信息的有效传递造成影响。一是对通信及其他常规联络方式的破坏性非常大。在大型自然灾害发生后，信息往往不能通过常规的途径传递出去，例如，在"5·12"汶川特大地震发生后的一段时间内，传统的有线电话和无线网络均遭到了毁灭性的破坏。二是大型自然灾害发生后的一段时间内，会出现巨大的"信息流"，传统的信息处理机构往往不能有效地处理这些信息，造成信息的丢失或失效。四川省绵竹市民政局副局长 FCM 就曾这样描述："我们这个小地方在救援方面没有经验，很多事情千头万绪，有点杂乱的感觉，有些东西不是很清晰。我们虽然招募了一大堆义工，但在管理上资源调动使用方面是比较无绪的，而且没有明晰的思路。"三是会产生大量失真、无效甚至有害的信息。比如，地震发生后出现了各种各样的谣言，这些错误信息有时候会通过非正式渠道快速传播。

上述情况势必会造成地震灾区的"信息乱象"，比如，由信息堵塞和沟通不及时造成所谓"明星灾区"的现象，同时许多有具体需求的偏远灾区却不能得到及时救助。

因此，政府与社会组织信息合作的首要内容便是加强信息交流，保证信息畅通。首先，必须确保以政府为主导的、正式的、常规的信息交流和发布平台或系统能够尽快运转，并将所有灾情信息与社会力量进行分享。在"5·12"汶川特大地震发生后，政府快速反应，及时公开信息，包括快速启动应急预案，迅速建立信息发布机制、保障民众知情权，及时发布信息阻断流言传播，稳定民心，并通过全方位立体化的信息披露，借助电视、广播、报纸、网络等多种媒体的力量，形成互动良好的应急传播机制。其次，政府与社会组织必须建立共享的信息管理机构，以便迅速、高效地回应各方需求和处理援助信息。从四川省绵竹市的情况来说，遵道志愿者联盟、绵竹社会资源协调平台以及绵竹市灾后重建公益组织联席会议机制的存在，促使信息可以有效地被各方共享，促进了其他资源的合理流动。最后，政府应当允许社会力量尤其是社会组织建立自身的信息分享和发布平台，并对这些信息进行有效的收集和管理。在"5·12"汶川特大地震发生后，多家民间机构合作成立了四川5·12民间救助服务中心，该中心通过对参与组织在基层灾区收集的大量信息进行整理和发布，有效地促进了灾区信息畅通。

二 挖掘灾区需求，促进供需匹配

大型自然灾害发生后，灾区的需求往往呈现不同的特点。在不同的时间，灾区的需求完全不同：在紧急救援阶段，需要的是食物、饮水、帐篷、药品等急救物资；在安置阶段，一般需要固定的住所、文化娱乐生活、心理安抚等；在灾后重建阶段，则需要就业指导、社区发展、生计重建等可持续的支持。根据马斯洛需求层次理论，这些需求必须在不同的阶段得到满足，否则可能会出现灾后的心理、身体或社会创伤。

从需求的角度来看，政府虽然掌握了绝大多数的信息和资源，但是仍然会存在信息遗漏、信息混乱以及信息失真的情况。因此，政府必须积极发挥社会力量的网络和数量优势，尽量确保信息的准确和及时；而社会组织天然的"民间"属性，使其可以通过许多非正式渠道获得相应的信息，同时可以关注到许多政府忽略的需求信息。例如，NGO发展交流网在汶川特大地震发生后开设了一个专门为公益组织参与赈灾救援提供信息交流服务的网页——"5·12地震灾害救援行动"，该网页月度页面流量达到77万次，单帖最高点击量近700万次，提供救灾综合信息1100

多条。① 从供给的角度来看，政府提供的救助服务通常是"一刀切"的以及基本型的，而灾区群众的需求则是多样化的，有些甚至需要个性化的救助和服务。因此，政府需要社会力量的有效参与，将相应的信息与社会力量特别是其中更加专业化和规范化的社会组织共享。

总的来说，政府与社会组织在信息合作中应该充分利用各自的优势，挖掘灾区需求，促进供需匹配。在绵竹市的案例中，绵竹市灾后援助社会资源协调平台作为政府与社会组织信息合作的典型，在匹配需求与供给方面获得了较好的成效。2008 年度，绵竹市灾后援助社会资源协调平台在相关网站上发布需求信息（含转载信息）超过 100 条，通过走访对象（包括各级机关工作人员和普通群众等）挖掘出许多未被关注的需求；协调及整合社会资源总价值 34573040.00 元，援助项目总计 66 个。2009 年度，绵竹市灾后援助社会资源协调平台在相关网站上发布需求信息（含转载信息）上百条，协调及整合社会资源总价值 18463281.86 元，援助项目总计 54 个。2010 年度，绵竹市灾后援助社会资源协调平台发布需求信息（含转载信息）超过 200 条，协调及整合社会资源总价值 23902440.00 元，直接受益人群超过 5 万人，援助项目总计 27 个。②

三　增强信息监督管理，提升社会公信力

"5·12"汶川特大地震发生后，社会大众一方面对灾区灾情及灾后重建进展有强烈的知晓意愿，另一方面对大量的社会捐赠持高度关注态度。无论哪一方面，信息不及时或者信息失真的情况都会造成极大的社会影响。以四川省红十字基金会为

---

① 国家减灾委员会科学技术部抗震救灾专家组：《汶川地震社会管理政策研究》，科学出版社，2008，第 51 页。
② 以上数据来自笔者对友成企业家扶贫基金会内部资料的整理汇总。

例，截至 2008 年 6 月 2 日，该基金会共收到捐款 12.61 亿元，其中相当一部分属于非定向捐赠。这笔庞大的资金该如何处理，当时的四川省红十字基金会还缺乏经验。在社会看来，红十字会募集的社会捐赠资金越多就越容易产生腐败，社会捐赠资金成为四川省红十字基金会面临的最大"堰塞湖"。[①] 不仅社会组织[②]会面临社会大众的诸多质询，而且政府部门也经常面临这种情况。

因此，政府与社会组织信息合作中的一项重要内容就是增强信息监督管理，通过及时、公开、透明地发布信息，提升社会公信力，从而有效地阻止那些无效甚至有害信息的传播，促进紧急救援和灾后重建工作有序开展。例如，为了回应国内外捐赠人和社会舆论的要求，民政部委托中民慈善捐助信息中心[③]研发了 5·12 汶川地震抗震救灾捐赠信息管理系统，对汶川地震抗震救灾慈善捐赠信息进行管理。2008 年 6 月，在国际商业机器公司的大力支持下，中民慈善捐助信息中心研发的 5·12 汶川地震抗震救灾捐赠信息管理系统正式上线；10 月，民政部、国家发展改革委、财政部、教育部、卫生部联合发布《关于汶川地震抗震救灾捐赠资金使用有关问题的意见》，明确要求各级组织使用该系统进行统计。该系统采集、发布了庞大的汶川特大地震慈善信息，其中仅注册用户就达到 3000 余家，捐赠信息近 1000 万条。对相关捐赠数据的有效统计和及时发布，让社会民众及时了解了捐赠的基本情况，极大地提升了政府与相关社会组织的社会公信力。

---

① 国家减灾委员会科学技术部抗震救灾专家组：《汶川地震社会管理政策研究》，科学出版社，2008，第 55 页。
② 学术界也有许多人认为，诸如红十字会的机构不算是非政府组织，因为其有强大的政府背景，所以把此类机构称为官办社会组织。
③ 中民慈善捐助信息中心是一家在民政部注册的民办非企业单位，属于我国非政府组织的一类。

第三节　政府与社会组织信息合作的主要形式

一　"交流式"信息合作

"交流式"信息合作是政府与社会组织在"5·12"汶川特大地震发生后应用最普遍的模式。这一模式不具有制度性和系统性的特点，但在我国尚未建立起比较完善的社会组织参与灾害管理体系的情况下，不失为一种解决问题的有效方法。无论是在震后初期的紧急救援阶段，还是在灾后重建阶段，这一合作模式都发挥了重要作用。

一是非正式的交流合作。这一交流形式在各个阶段和各种场合都普遍存在。大部分地方政府在"5·12"汶川特大地震后看到如此丰富的社会资源，都不同程度地转变了观念，对社会资源持开放和欢迎的态度。中央和地方政府考虑到社会组织的民间性与不规范性，并未完全放开其进入灾区服务，但是由于其掌握了大量的社会资源，这种非正式的信息交流成为解决这一问题的办法。以友成企业家扶贫基金会为例，其能顺利地进入灾区提供服务，在很大程度上取决于绵竹市民政局通过民盟对其发出的信息邀请。

二是较为正式的交流合作。例如，在灾后重建阶段，中央通过对口援建的决定，安排东中部经济发达省份分别对口援建一个重灾区，上海对口援建都江堰，广东对口援建汶川。上海和广东都属于社会组织发展较为迅速的省份，无论是政策环境，还是社会支持力量，都相对不错。上海和广东在支持两个重灾区硬件重建的同时，积极引入社会组织帮助其进行软体重建。在这一过程中，由于有"援建"的特殊身份，许多社会组织都和当地政府进行了卓有成效的正式信息交流，并通过自身进入灾区服务或引领更多社会资源进入的方式，有力地促进了当地社会经济的重建和发展。

二 "研讨式"信息合作

"研讨式"信息合作主要是指政府与社会组织通过举办研讨会、论坛等方式，邀请各方力量就灾后重建相关主题开展研究并进行广泛的信息交流的模式。例如，2009 年 12 月 4 日，为支持灾区的综合重建与可持续发展，提高社区防灾减灾能力，由国家减灾中心、中民慈善捐助信息中心、四川省民政厅与四川省彭州市政府主办，李嘉诚基金会赞助的 "5·12 灾后社区综合重建与防灾减灾" 研讨会在四川省彭州市召开。与会代表就社区综合重建时社会关系的重构、生产的恢复和发展、生活方式的改变等问题进行了探讨和信息分享。2011 年 5 月 13 日，由北京国际交流协会和德阳市政府联合主办的 2011 第三届 "可持续发展论坛"——防灾、减灾与灾后重建研讨会在德阳举行。中国未来研究会原会长、民政部原副部长 Z 及四川省政协原副主席 X 出席研讨会并致辞。诸如此类的由地方政府与社会组织合作开展的 "研讨式"信息合作，几乎在各个重灾区都举行过。

2008 年 6 月 21 日，绵竹市政府联合友成企业家扶贫基金会在成都共同主办的 "绵竹市灾后重建多方协作友成论坛"，是灾后重建初期规模最大、时间最早、影响最深远的一次跨界合作。该论坛以 "灾民安置和社区重建"、"重建规划和可持续发展" 及 "社会力量参与绵竹重建的探讨" 为主题。在这个论坛上，政府、企业、基金会、社会组织、学术机构进行了有效的沟通和充分的信息共享。

通过 "研讨式"信息合作，政府可以把相关需求摆在 "明面上"，向社会力量提出支持需求，社会组织也可以通过充分的研讨展现自身的实力和价值, 合作或参与各方不仅能充分实现信息的共享, 还能就相关问题达成共识, 为更深入和广泛的合作奠定基础。

三 "平台式" 信息合作

在 "5·12" 汶川特大地震后政府与社会组织的合作中, "平台式" 信息合作是合作时间最持久、成效最显著、社会影响最大的一种模式。所谓 "平台式", 是指合作各方通过一定的程序建立起正式的、公开的信息合作平台, 并通过这一平台广泛收集灾区信息并对社会发布。遵道志愿者联盟和绵竹市灾后援助社会资源协调平台就属于 "平台式" 信息合作的典型代表。

在 "平台式" 信息合作模式下, 政府、社会组织与社会之间的信息交流取得了较好的效果。其特点体现在四个方面。一是具备合法性。平台的成立首先要通过地方政府的认可, 而且地方政府会通过政策文件的颁布或命令的签署予以承认, 因此, 各方通过此平台发布和收集信息在地方政府的行政范围内就具有了合法性。二是具备一定的公信力, 因此相关信息的发布和收集会得到受益群体与社会力量的认同。三是具有可持续性。政府和社会组织往往会通过硬件支持、人员安排、资金支持、政策保障等方面保证平台运作的持久化。四是信息沟通和发布成效较显著。上一节对绵竹市灾后援助社会资源协调平台相关数据的介绍已经证明了这一点, 当然也体现在信息可以通过更顺畅的渠道进行沟通和发布上。

第四节 政府与社会组织在信息合作中的
主要职责

通过上述分析, 我们可以清楚地认识到, 信息的及时收集、沟通、发布和共享, 在灾后紧急救援、过渡安置和恢复重建阶段起到了至关重要的作用，而政府与社会组织在其中扮演着重要角色。总体来看，政府应该是主导，是核心，是正式信息的收集者和发布者；社会组织应该是辅助，是补充，是针对性和个性化信息的收集者和发布者。

一　政府在信息合作中的主要职责

（一）提供合作的政策保障

从"5·12"汶川特大地震的救援及灾后重建经验来看，政府与社会组织的良好合作必须首先建立在政府对社会组织的接纳和信任基础上。这种接纳和信任，有时是基于地方政府领导的个人意志或者个人"觉悟"，但更多是建立在政策保障的基础之上。从四川省绵竹市的情况来看，绵竹市政府最终通过颁发文件的方式认可了友成企业家扶贫基金会与其合作的"合法"身份，这为后来进一步开展工作，将绵竹市灾后援助社会资源协调平台的功能由灾害救助扩展到教育、卫生、扶贫等民生领域奠定了基础。

政府为双方的信息合作提供政策保障。从宏观层面来看，国务院发布的《汶川地震灾后恢复重建条例》提出的"政府主导与社会参与相结合"是当时的基本指导思想，但当时大多数地方政府与社会组织的合作都是临时性、阶段性的；从长远来看，应当从灾害管理体制的角度进行制度性完善，即要将社会组织纳入以政府为主导的灾害管理体系，并将其作为信息收集、管理和发布的重要一环。

（二）发布有效的灾区信息

政府拥有数量最多、范围最广的信息收集渠道，能随时掌握第一手信息，在双方的信息合作中应当处于主体地位。一方面，政府必须充分利用社会组织可以提供个性化、有针对性服务的特点，及时地为其提供有效的灾区信息，并促成其为灾区居民提供服务。如果政府不能将其掌握的信息准确及时地传递给社会组织，它们就无法合理分配物资，不能将物资送到最需要的灾民手中，甚至会造成资源过度使用或浪费。在汶川特大地震救援中，北京某基金组织没有得到最新的救灾信息，也没有经过统一调度，一味地将赈灾物资运往映秀灾区，到达之后才发现当地灾民已基本全部撤离。另一方面，政府应当在合作中承担起向社会大众提供官方权威信息的职责，甚至社会组织的相关信息也可以由政府的相关平台发布，从而确保社会大众对信息的认可。

（三）加强信息监管

在与社会组织合作的过程中，政府必须承担起信息监管的职责。一方面，社会组织因具有民间性的特点，存在一定的不规范性、不系统性，其提供的信息可能存在重复性、虚假性以及不确定性，需要政府依靠其传统的信息收集系统进行核实和确认。另一方面，由于大型自然灾害发生后信息的传播必然存在一定的阻碍，各种失真的信息将会对社会产生巨大影响，政府必须承担维护社会稳定的职责。

二　社会组织在信息合作中的主要职责

（一）充分挖掘灾区的个性化信息

社会组织要充分利用自身志愿性、多元化、社会化的特点，立足于灾区的实际情况，充分挖掘灾区的个性化信息。相对于常规的政府体系收集的一般性信息，灾区的个性化信息往往会被传统的信息收集系统忽视。一方面，在紧急救援和过渡安置阶段，社会组织要积极关注灾区被忽视的地区和各种弱势群体，发现可能存在的遗漏区域和人群，并将相关信息与政府和社会大众共享，使其能够及时得到救助；另一方面，在灾后重建阶段，社会组织要充分利用自身的特点，采用参与式调查等方法，挖掘灾区居民的重建需求信息，并给予其支持。

（二）有效管理社会支持信息

"5·12"汶川特大地震发生后，我国掀起了一股民间捐赠的热潮，因此2008年也被称为"公益元年"。这些捐赠既有直接的款项捐赠，也有物资捐赠，还有人力支持和技术支持等。在这些捐赠中，有的是通过官方系统进行捐赠的，有的是社会力量直接进入灾区进行救助或服务，还有绝大部分是通过社会组织或政府与社会组织合作的平台对灾区进行捐赠。根据民政部社会福利和慈善事业促进司、中民慈善捐助信息中心共同编制发布的《2008年度中国慈善捐助报告》，2008年，中国接收国内外各类社会捐赠款物共计1070亿元，其中，全国各级红十字会系统共接收社会捐赠约214.4亿元、接收抗震救灾捐赠190.52亿元，全国各基金会筹集款物总额达78.6亿元。这些社会爱心捐赠必须依靠社会组织的有效管理，才能实现捐助价值和目的。在"5·12"汶川特大地震中，以红十字会为代表的官办社会组织也正因为如此，承受了巨大的社会舆论压力。社会组织必须提高自身的透明度和效率，并逐步完善各种信息化管理系统，以更务实的态度管理各种社会支持信息。

（三）积极发挥信息监督作用

社会组织应当充分利用社会化特性，积极承担信息监督职责。一是对官方系统收集和发布的信息进行监督，进一步确立相关信息的可靠性，提升官方系统的公信力。二是对大量社会媒体的信息进行监督，协助政府进行信息识别和管理，帮助维护灾后社会和信息秩序稳定。三是对社会组织行业内部的各种捐赠信息、需求信息进行监督，确保专款专用，进一步提升社会组织的公信力。

第五章 大型自然灾害状态下政府与社会组织合作对策（二）：资源合作

鉴于大型自然灾害发生后灾区需求巨大，而政府与社会组织掌握的资源都不能完全满足灾区群众的需求，二者有必要在人力、物力、财力等方面进行合作，从而更好地促进灾害救助。社会组织是社会整合和国家引领社会发展的重要力量，对平衡国家与社会、公共权力与公民权利之间的关系发挥着桥梁作用。社会组织可以动员政府无法动员的资源，能满足社会多样化与快速变化的需求。在大型自然灾害面前，社会组织能有力地配合政府大规模紧急救助，成为大型自然灾害治理中的一支生力军。

第一节 典型案例：汶川特大地震中的绵竹市灾后援助社会资源协调平台[①]

一 绵竹市灾后援助社会资源协调平台的由来

"5·12"汶川特大地震在经历了一个多月的抗震救灾和灾后安置后，进入了灾后重建阶段。面对灾区秩序混乱的局面，如何

---

① 邓湘树、边慧敏、肖航：《灾害应对中的社会管理创新——绵竹市灾后援助社会资源协调平台项目的探索》，《经营管理者》2012 年第 19 期。

有效、科学、合理地解决援助信息之间的高效匹配和管理问题成为工作重点之一。《汶川地震灾后恢复重建条例》明确提出，地震灾后恢复重建应当遵循"受灾地区自力更生、生产自救与国家支持、对口支援相结合""政府主导与社会参与相结合"的原则，"国家鼓励公民、法人和其他组织积极参与地震灾后恢复重建工作"。当原有的工作环境被改变，既定的工作程序被打乱，新现象、新局面不断出现时，许多实际工作中的矛盾便逐渐凸显。

（1）援助资源分配不均

地震对绵竹市经济的破坏和影响是全方位的，由此激增的社会需求也多种多样，既包括硬性的建筑重建、设备采购等，也涉及软性的心理援建、文化生活恢复等。在没有相关机构发布权威需求信息的情况下，社会援助方主要通过新闻媒体了解灾区的情况，这样难免存在信息的脱节和不对称，从而直接导致援助资源分配不均。

（2）社会援助的资源流失严重

救灾期间，许多有意向援助的企业、个人通过各种途径联系到相关部门和乡镇，但由于任务繁重、时间紧迫，大部分接待人员只能先行将资源信息写在笔记本上，时间一长，许多信息便被遗忘或遗失了。

（3）援助资源协调乏力

地震发生后，绵竹市各部门和乡镇接待社会援助相对独立，以各自领域、辖区内的需求为主，如果原有需求已得到满足，那么一般会单方面谢绝其他社会援助。由于各部门和乡镇接受的社会援助不尽相同，而且在前期工作中缺乏对社会资源的有效、有力统筹协调，有些需求得到满足，有些需求却被忽视。

二　政府创新机制——社会资源协调办公室

汶川特大地震发生时，绵竹市民政系统在编人员只有 18 人，他们负责开展绵竹市的救灾救济、社会低保、"三孤"管理、殡葬公墓、优抚安置、基层政权建设、地名区划等事务工作。在突如其来的灾难面前，民政人员急缺，如何及时、准确地了解绵竹市的需求，充分、合理地协调配送物资就成了迫在眉睫的问题。为此，绵竹市抗震救灾指挥部多次组织专题研讨会，经研究决定暂由市目标办、市政务服务中心、友成企业家扶贫基金会协同工作，由友成企业家扶贫基金会志愿者——麦肯锡公司团队开发和提供管理工具，立足于政府、企业、社会组织三者之间的平台作用，建立了社会资源协调办公室。该协调办公室充分发挥友成企业家扶贫基金会的资源整合优势，不断提升政府工作人员对社会资源的协调管理能力，提高政府与社会资源的沟通效率，建立系统的资源利用机制，使灾后重建中的各项社会资源进入有序、科学、合理的匹配和管理轨道，同时使社会资源、社会爱心的作用得到最大限度的发挥，最终实现社会资源有效利用的良性循环。2008 年 7 月 15 日，时任绵竹市政府副市长 L 主持召开了"绵竹市社会资源协调机制"工作协调会，确定此机制在市政府办公室的统一领导下开展工作，绵竹市政府对友成企业家扶贫基金会的角色定位和工作职责给予认同。友成企业家扶贫基金会将主要致力于为该机制提供人力资源、技术和能力建设方面的支持。2008 年 7 月 17 日，以"接受资源，展示援助"为宗旨的绵竹市灾后援助社会资源协调平台正式开始运作。通过互联网的数量级传播速度，绵竹的灾情很快为全国人民所了解，绵竹的需求也被更多的社会爱心人士和机构响应。

2008 年 8 月 14 日，绵竹市抗震救灾指挥部正式下达文件成立绵竹市社会资源协调工作领导小组，并由市委常委、市政府常务副市长 X 担任组长；绵竹市社会资源协调工作领导小组下设办公室，由市政府副市长 L 兼任办公室主任，日常工作由市政府目标办具体负责（竹指发〔2008〕322 号文件）。2008 年 9 月 9 日，绵竹市抗震救灾指挥部办公室再次下达《关于调整绵竹市社会资源协调领导小组成员的通知》，决定调整绵竹市社会资源协调领导小组办公室成员，由市政府副市长 L 任主任，市政府副秘书长、市政务服务中心主任 P 和市政协副秘书长 M 任副主任，将各级部门的主要领导均纳入该办公室。该办公室的日常工作由市政务中心具体承办，市政务中心副主任 Y 负责日常工作（竹指办〔2008〕49 号文件）。自成立后，绵竹市灾后援助社会资源协调平台的工作一直由友成企业家扶贫基金会志愿者协同负责，开了政府与社会组织良好合作的历史先河。

三　绵竹市灾后援助社会资源协调平台的发展

（1）物资保障

绵竹市灾后援助社会资源协调平台以保障群众的生存权为首要目标。2008 年 7 月至 2010 年 12 月，通过绵竹市灾后援助社会资源协调平台长期调研而得到完善的卫生、教育、扶贫三大需求数据库，按需为绵竹灾区募捐、协调和匹配了价值 9400 多万元的各类物资，协调和服务在绵竹市的社会组织 40 多家，组织协调各类公益慈善项目和活动近百个（场），为绵竹市的抗震救灾和灾后重建工作做出了较大的贡献。同时，绵竹市灾后援助社会资源协调平台对接 20 多家媒体，包括 CCTV-2、CCTV-5、四川广播电视台、绵竹市广播电视台、《光明日报》、《人民日报》、新华社、四川新闻网、《广州日报》、南方传媒、佛山电视台等，通过这些媒体对外发布绵竹灾区人民的需求信息，宣传报道社会各界对绵竹灾区的爱心奉献事迹。

（2）按需开发民生扶贫项目

受灾群众的生存权得到基本保障之后，在继续为绵竹灾区募集资源、对接资源、匹配资源的同时，绵竹市灾后援助社会资源协调平台以群众的发展权为目标，通过社会工作者的实地调研发现需求，按需开发和实施适合当地且可持续发展的民生扶贫项目。在项目开发过程中，绵竹市灾后援助社会资源协调平台遵循"有利于当地群众生活和生产水平的提高""有利于社会工作者团队的建设与团结""有利于建立以人为本的和谐社会这一目标的达成，促进社会的各项发展"三个"有利于"原则，实事求是、按需发展。绵竹市灾后援助社会资源协调平台通过各种渠道向社会寻求更多的援助，实施和发展这些可持续发展的民生扶贫项目。绵竹市灾后援助社会资源协调平台成立后，开发了东北镇广和村试点养殖法国朗德鹅项目，灾后农村绿化种植速生林、果林项目，绵竹市仁泽老年专科医院社会企业项目，玄朗村农村家园中心项目，等等。

第二节 政府与社会组织资源合作的主要内容

一 经费合作

汶川特大地震发生后，公众的捐赠热情非常高，甚至可以用"井喷"二字形容，而可以接受社会捐赠的募捐机构又非常有限，再加上当时地方红十字会和慈善会自身能力有限，结果是放大了中国捐赠机制的局限性，出现了严重的捐赠"堰塞湖"现象。

1999年6月28日颁布的《中华人民共和国公益事业捐赠法》第十条规定，公益性社会团体和公益性非营利的事业单位可以接受捐赠。公益性社会团体，是指依法成立的，以发展公益事业为宗旨的基金会、慈善组织等社会团体。公益性非营利的事业单位，是指依法成立的，从事公益事业、不以营利为目的的教育机构、科学研究机构、医疗卫生机构、社会公共文化机构、社会公共体育机构和社会福利机构等。第十一条规定，在发生自然灾害或者境外捐赠人要求县级以上人民政府及其部门作为受赠人时，县级以上人民政府及其部门可以接受捐赠，并依照有关规定对捐赠财产进行管理。县级以上人民政府及其部门可以将受赠财产转交公益性社会团体或者公益性非营利的事业单位；也可以按照捐赠人的意愿分发或者兴办公益事业，但是不得以本机关为受益对象。

2008年4月28日，民政部颁布了《救灾捐赠管理办法》。该办法第二条第二款规定，"本办法所称救灾募捐主体是指在县级以上人民政府民政部门登记的具有救灾宗旨的公募基金会"。第三条规定，"本办法所称救灾捐赠受赠人包括：（一）县级以上人民政府民政部门及其委托的社会捐助接收机构；（二）经县级以上人民政府民政部门认定的具有救灾宗旨的公益性民间组织；（三）法律、行政法规规定的其他组织"。

2008年5月31日，《国务院办公厅关于加强汶川地震抗震救灾捐赠款物管理使用的通知》发布，规定"各级民政部门负责以政府名义接收救灾捐赠款物，各有关部门可接收本系统的捐赠款物。各级红十字会、慈善会等具有救灾宗旨的公募基金会可以救灾名义向社会开展募捐活动，接收救灾捐赠。没有救灾宗旨的公募基金会以救灾名义开展募捐活动，应经民政部门批准，未经批准已经开展募捐活动的公募基金会要及时到民政部门补办审批手续。其他社会组织接收的捐赠款物要及时移交民政部门或者红十字会、慈善会等具有救灾宗旨的公募基金会。组织开展义演、义赛、义卖等各类救灾募捐活动，要按规定报有关部门批准，募集的捐赠款物要及时移交民政部门或者红十字会、慈善会等具有救灾宗旨的公募基金会"。该通知突破了《救灾捐赠管理办法》对募捐主体的限制，允许没有救灾宗旨的公募基金会经过民政部门的批准进行募捐。最后，民政部批准了 16 家没有救灾宗旨的全国性公募基金会募捐。不过，该通知只是专门针对汶川特大地震的临时性规范性文件，并不意味着这些公募基金会在以后的救灾中也有募捐资格。[①] 据中民慈善捐助信息中心统计，截至 2009 年 4 月 30 日，16 家全国性的公募基金会共筹集资金 12 亿元。[②]

清华大学非营利组织研究中心邓国胜教授领衔的团队调查研究发现：截至 2009 年 4 月 30 日，汶川特大地震募集的 767 亿元社会捐赠资金（其中，资金 653 亿元，物资折价 114 亿元），58.1%流向了政府部门，36%流向了政府指定的红十字会和慈善会系统，5.9%流向了公募基金会。而社会捐赠的物资更是流向了政府部门和红十字会系统。社会捐赠资金即使流入第三部门，也主要流向了官方背景很强的各级红十字会和慈善会。[③]

在汶川特大地震救援过程中，政府接收的社会捐赠资金比例最高，这部分社会捐赠资金基本由政府支配使用。与此同时，地方红十字会、慈善会、公募基金会接收的社会捐赠资金也大部分都转入政府财政专户，由政府统筹使用，甚至定向捐赠资金也集中在政府财政专户，由政府按照捐赠人的意愿定向使用。只有中国红十字会、中华慈善总会和 16 家全国性公募基金会可以自行安排接收的社会捐赠资金用途，而这部分资金占整个救灾捐赠资金的 11.36%。[④]

---

① 邓国胜等：《响应汶川——中国救灾机制分析》，北京大学出版社，2009，第 76 页。
② 《汶川特大地震救灾捐赠款物及使用情况公告》，http://www.mca.gov.cn/article/zwgk/tzl/200905/20090500030782.shtml。
③ 包丽敏：《谁来执掌 760 亿元地震捐赠》，《中国青年报·冰点周刊》2009 年 8 月 12 日；邓国胜：《汶川地震 700 亿社会捐款追踪》，http://gongyi.sohu.com/20090812/n265907514.shtml。
④ 包丽敏：《谁来执掌 760 亿元地震捐赠》，《中国青年报·冰点周刊》2009 年 8 月 12 日；邓国胜：《汶川地震 700 亿社会捐款追踪》，http://gongyi.sohu.com/20090812/n265907514.shtml。

因此，在大型自然灾害发生时，政府与社会组织合作具有较大的空间。我国应发挥社会组织在灾后重建过程中的作用，探索政府、企业、基金会等资助方与社会组织的合作机制，夯实社会组织服务的经济基础，最终形成政府购买、社会捐赠、组织服务、百姓受益的良性互动局面。

二　人力资源合作

研究表明，在全球 36 个国家的社会组织供职的 4550 万名全职工作人员中，超过 2000 万人，即 44% 是志愿者；2500 万人，即 55% 是领薪雇员。这证明，社会组织有能力动员大量的志愿服务资源。[①] 当大型自然灾害发生时，由于救灾任务繁重，政府和一些官方的社会组织都没有足够的人手完成工作任务，数量巨大的志愿者正好可以成为补充。据共青团四川省委统计，汶川特大地震发生后，截至 2009 年 5 月 19 日，在共青团四川省委登记的志愿者就已达 106 万人，来自全国 21 个省份，而这还未包括更多没有登记的志愿者。[②] 这些志愿者成为救灾的一支生力军。有媒体曾报道，在汶川地震救灾过程中，四川省红十字基金会只有 17 个人，首次承担大型救灾任务，却在短短的时间里接受了 20 亿元的捐赠，这成为他们不能承受之重。[③] 四川省红十字基金会带领 200 多名志愿者协同整理善款，渡过难关，再造红十字会精神。

需要注意的是，政府应对社会组织进行有效的引导。长期以来，社会组织的工作都由热心的志愿者承担，志愿者有奉献社会

---

① 莱斯特·M. 萨拉蒙、S. 沃加斯·索可洛斯基等：《全球公民社会——非营利部门国际指数》，陈一梅等译，北京大学出版社，2007，第 21 页。

② 《志愿者：汶川震灾中的公民行动》，https://news.sina.com.cn//c/2008-07-08/142715893977.shtml。

③ 涂重航：《17 人担纲 20 亿善款之重》，《新京报》2008 年 6 月 10 日，第 7~8 版。

的工作热情和服务公众的志愿精神，但他们没有接受过专业的培训，难以在专业性很强的危机管理中担当重任。在汶川特大地震抗震救灾的民间志愿者中，有接受过专业救援培训的资深志愿者，也有背着物资、带着工具奔赴一线的民间团体，还有仅凭一腔热血赤手空拳就上阵的"散兵游勇"。由于缺乏组织性和协调性，他们往往"好心做了坏事情"，无形中增加了有组织的救援活动的压力。要想真正把志愿者变成政府救灾的人力资源补充，社会组织就要在平时对志愿者进行救灾培训。

事实上，许多发达国家的民间救灾制度较为健全，救灾义工遍布各行各业，他们平时在各类专业救灾组织登记注册，成为救灾志愿者。一旦出现突发事件，就会有大量专业人员、社会志愿者、受过培训的特殊人员，通过这些组织的统一指挥和协调，迅速到达现场，分专业、全方位地开展救援活动。因此，人们可以借助这种机制更好地发挥民间志愿者的力量。政府部门或社会组织在平时就应该对民间志愿者分门别类地进行引导、鼓励和支持，尽快建立起完整的民间救灾体系，避免紧急时候忙中出错。[①]

三　物资合作

在大型自然灾害发生之际，民众对救灾物资（包括帐篷、衣物、食品、水、药品、床上用品等）的需求巨大。一是政府平时没有充足的物资储备；二是在时间限制下，政府没有足够多的人力、交通工具把平时储备的救灾物资运送到灾区；三是政府的救灾物资主要是针对普遍需求的，对一些个别的、特殊的需求（如婴儿用品、女性用品等）往往不能满足。具有救灾宗旨的社会组织会在平时储备一些救灾物资，这样在灾害发生时就能第一时间利用平时的积累动员一部分社会力量进行捐赠，并且利用自己行

---

① 王启友：《抗震救灾凸显 NGO 与政府的协同性问题》，《成都行政学院学报》2008 年第 3 期，第 4~6、36 页。

动迅速的特点第一时间把物资运送到灾区。不仅如此，社会组织还能利用其灵活的特点满足部分特殊的需求。只是在这个过程中，政府需要对社会组织进行必要的经济监督，预防物资流转、浪费、流失甚至是贪污。

第三节　政府与社会组织资源合作的主要形式

根据政府与社会组织合作的期限、层次和紧密度，可以把政府与社会组织进行的资源合作分为"应急性"资源合作、"购买式"资源合作和"平台式"资源合作三种形式。

一　"应急性"资源合作

所谓"应急性"资源合作，是指在大型自然灾害发生后，政府与社会组织为了满足一些紧急需求而进行的资源合作。这种合作往往是临时性的，层次比较低，合作也比较松散。一旦紧急状况结束，双方的合作也就宣告结束。"应急性"资源合作是汶川特大地震发生后政府与社会组织进行资源合作的主要形式。如地震发生后，友成企业家扶贫基金会第一时间对绵竹市遵道镇的救助就是一个典型的"应急性"资源合作的例子。"5·12"汶川特大地震发生后，友成企业家扶贫基金会在48小时内发布了第一份社会组织的医药需求单，完成了为即将奔赴前线的北京医师协会和301医院的专家提供意外保险登记工作。灾后48小时内，友成企业家扶贫基金会第一批救灾物资车队从北京出发，前往四川灾区；灾后72小时内，友成企业家扶贫基金会将企业捐助的价值650多万元的药品直接发放到灾区一线医院，并立即给予捐助者反馈。友成企业家扶贫基金会组织第一批救灾物资车队从北京出发，从广元进入灾区，一路发放救灾物资最后到达绵竹灾区。灾后第三天，友成企业家扶贫基金会率领第一个由 10 位防疫专家组成的团队，带着价值 500万元的流行病快速检验设备和试剂进入灾区防疫。灾后第十天，友成企业家扶贫基金会启动灾区第一所占地 4000 平方米的儿童活动中心建设项目，并用 8 天时间建成。[①]

二　"购买式"资源合作

"购买式"资源合作，是指政府为了满足大型自然灾害发生后特定区域、特定人群或者特定类型的需求，通过政府购买服务的形式进行的资源合作。这种合作的时限往往较长，针对的是大型自然灾害发生后在较长时间段内存在的某种特定类型（如伤残康复、心理辅导、社区发展、青少年照顾等）的需求，合作的层次属于中等，合作的紧密度较高。所谓政府购买服务，是指政府（公共部门）与私人部门之间签订购买协议，由政府出资，将涉及公共服务的具体事项承包给社会组织的行为。[②]

如前文所述，由于社会捐赠资金大部分流向了政府，大多数社会组织都面临资金困难的问题。而灾区群众有大量的公共服务需求，政府又不能一一满足。因此，政府应该用一部分社会捐赠资金向社会组织购买服务。然而，汶川特大地震发生后，灾区政府在购买社会组织服务、逐步扩大公共服务的覆盖面和提高公共产品的质量方面取得的效果尚不明显。因此，应当在推进公共财政体系建设的同时，将向社会组织购买公共服务纳入政府采购的范围。而要做好这项工作，需要建立政府购买服务的标准体系、招投标制度和第三方评估制度，把购买服务与社会组织的监督管

---

① 王平：《非政府组织在汶川地震中的实践与作用》，http://www.youcheng.org/news/2009/3/5/200935173059.html.

② 俞雅乖：《补充与合作：民间组织参与灾后农村公共服务供给的模式创新》，《科学决策》2009 年第 10 期，第 112~116 页。

理结合起来，建立完善、可持续的政府购买服务机制，加大财政资金支持社会组织发展的力度，更好地发挥社会组织在大型自然灾害发生时吸纳、协调、整合社会资源和提供社会服务方面的作用。

三 "平台式" 资源合作

"平台式"资源合作，是指大型自然灾害发生后，政府与社会组织联合成立合作的平台，在相当长的一段时间内进行全方位、综合性的资源合作。这种合作的时间最长，层次最高，紧密度也最高，满足的需求往往是全方位、综合性的。绵竹市政府与友成企业家扶贫基金会等联合成立的绵竹市灾后援助社会资源协调平台就是这方面的典型。

第四节　政府与社会组织在资源合作中的主要职责

一　政府在资源合作中的主要职责

(一) 主导资源提供

作为大型自然灾害治理的主体，政府是最具权威的公共机构。政府作为公权的代表，必须在灾害应对中起主导作用。各级政府拥有宪法和法律赋予的合法强制权力，掌握着大量的公共资源，具有组织化程度较高的组织体系，具备较强的指挥组织能力。因此，在应对和治理突发性自然灾害过程中，只有政府能起主导作用。从灾情预报、紧急应对到深入救灾、灾害恢复重建，每个环节都离不开政府的参与。另外，大型自然灾害具有对社会威胁性与影响的不确定性、反应时间的有限性以及后果的巨大危害性等特征，要建立特殊的机制，采取特殊的应对手段。因为政府具有其他正式组织或非正式社会组织不具有的优势、权威和强制力，所以政府必然居于核心地位，发挥主导作用。

（二）协调资源提供

对于社会组织而言，无论是在紧急救援阶段，还是在灾后重建阶段，资源的整合都是一项非常必要的工作。有些地方资源过剩，如汶川县水磨小学就有广州市海珠区启创社会工作发展协会、壹基金等三家社会组织进入，而且都是提供小学生心理援助；而有些地方则完全没有外部资源的进入。在同一个地方，不同的社会组织之间可能缺乏合作，各自为政，不仅效率低，而且无法发挥各自的专业优势；社会组织与政府的整体规划之间缺乏衔接。因此，社会组织救灾资源的整合既包括社会组织救灾资源在不同地区之间的合理配置，也包括同一地区不同社会组织之间的合作；既包括社会组织之间的资源整合，也包括社会组织与当地政府之间的资源整合。① 而这些问题都有赖于社会组织与政府通过资源合作来解决。

二 社会组织在资源合作中的主要职责

在大型自然灾害治理过程中，政府并不是万能的，其自身也存在资源禀赋、人员结构、组织体系等方面的局限性。因此，政府功能的有限性为社会组织的介入提供了空间。不管是在大型自然灾害发生之后的救援阶段，还是在灾区的恢复重建阶段，政府都应当积极吸纳社会组织进入，协助自身广泛调动社会力量，快速有效地共同应对危机，弥补政府行为的不足，扮演"政府搭档"的重要角色。

（一）筹集补充性资源

抵御危机侵害实际上是一个大规模消耗资源的过程，资源是

---

① 萧延中、谈火生、唐海华、杨占国：《多难兴邦——汶川地震见证中国公民社会的成长》，北京大学出版社，2009，第158页。

决定危机回应效力的关键因素。公共应急资源的筹措主要有两个渠道：一个是政府财政拨款，另一个是民间捐赠。而筹集民间善款善物的角色，主要由社会组织扮演，政府则主要扮演倡导者和规范者角色。① 社会组织是政府之外募集公共应急资源的生力军。在危机事件发生时，它们积极筹集急需物资，通过呼吁、宣传等方式组织国内募捐，通过国际关系争取国外援助、招募与管理志愿者等。

在汶川特大地震发生当天的 16 时，中国红十字会从成都备灾中心紧急调拨第一批救灾物资（单帐篷 557 顶、棉被 2500 床，总价值 788646 元），运往都江堰、绵阳、德阳灾区。17 时 30 分，红十字会与红新月会国际联合会决定给予四川灾区 25 万瑞士法郎的救助，并先期从总会备灾库借调总价值 95.89 万元（单帐篷 500 顶、棉被 5000 床、饮用水消毒剂 300 箱）的物资运往成都、德阳、安县灾区。23 时，总会调拨价值 26.04 万元的 9300 床毛巾运往四川灾区。香港、澳门特别行政区红十字会分别表示向灾区提供 50 万元的紧急资金援助，首批捐赠在当夜已经完成。之后，中国红十字会联合新浪网，倡议社会各界向地震灾区进行捐助。截至 2009 年 2 月 28 日，中国红十字会总会共接受捐款 47.79 亿元，已向灾区拨付、使用 25.72 亿元；接收捐赠物资折价 6.08 亿元，已全部拨付灾区使用。中国红十字会总会首批援建四川省灾后项目共 954 个，援建总金额为 93637.5 万元，主要援助成都、德阳、绵阳、广元、雅安、阿坝等市（州），项目主要为学校、卫生院、博爱新村等。②

（二）传递个性化信息

社会组织是联系政府和社会各阶层的有效中介，其"上下传

① 沈荣华：《非政府组织在应急管理中的作用》，《新视野》2005 年第 5 期，第 43 页。

② 《汶川地震大救援》，中国红十字会网站，http：//www.redcross.org.cn/wjztpd/wjzt08/wjzt08dzjy。

递"的中介功能搭建起政府和公众沟通的桥梁与纽带。一方面，社会组织可以利用自身的专业优势，把政府应对危机的重要措施和防治知识传递给公众，稳定民心，正确引导公众在危机事件中保持理性，帮助公众消除恐慌心理，避免流言的产生和传播，提高公众应对公共危机的能力。另一方面，社会组织植根于基层，其组织成员来自基层社区，是社会公众利益的代表，能将方方面面的需求信息反馈给政府，帮助政府及时、准确地了解民情民意、掌握有关危机管理方面的信息，发现危机管理过程中遗漏的问题，预防危机扩大化，有效地防治公共危机。

就汶川特大地震来看，四川5·12民间救助服务中心扮演了信息传递的重要角色，对我们具有启发意义。该中心是在汶川特大地震发生后3天成立的，它通过组织四川省和外地赴蓉抗震的非政府组织，建立了内部工作信息组、志愿者组、物资供给组、财务组，形成了以支持非政府组织抗灾为主线的平台。四川5·12民间救助服务中心为大批民间公益组织和志愿者有序地参与抗震救灾提供了会议场地、联络服务、交流服务和后勤支持。通过四次改版的网站、每月两期的四川5·12民间救助服务中心简报（设有"接待来访""会议""活动""近期重要工作""重要信息""提供服务"等栏目）、不定期的抗震组织与政策调研、每日的联络接待、专题座谈与合作研讨等多种方式，四川5·12民间救助服务中心向来自国内各地、境外及国际的公益组织和媒体介绍灾区救助、灾后重建政策、民间救助工作等情况，为即将进入灾区开展救助工作的社会组织提供信息咨询服务，为参与灾后重建的社会组织提供信息共享、会务联办协办、机构联络、联系食宿、休整调查等多种服务，形成政府与社会组织、社会组织之间、社会组织与其他组织之间的重要信息通道，也成为对政府、媒体和社会各界通报社会组织参与灾后重建工作的信息窗口。四川5·12民间救助服务中心收集大量资料，绘制了社会组织抗震

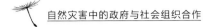

动态图，将抗震以来社会组织驻点工作的状况集中在一张图上，清晰地记载了社会组织在震区的工作轨迹。[①]

（三）提供专业化服务

社会服务是社会组织最突出的功能。绝大多数社会组织在成立之初就有明确的宗旨和目标，并根据自己的目标设定标准吸纳组织成员，如中国红十字会致力于医疗救援，自然之友致力于环境保护，香港浸会大学、西南财经大学北川任家坪社工站提供老年人、妇女和儿童服务，北川中公未来社会工作服务中心主要从事社区发展工作，等等。社会组织的专业性使它们在应对公共危机时可以提供更科学有效的公共服务，如受伤人员的医疗救护、受灾群众的安全转移与安置、伤亡人员及其家属的心理救援、学校重建、孤儿抚养、个案关怀、家庭回归、社区建设、志愿者和社会工作开展等。

① 杨团：《2008 为了公共利益年度组织：四川 5·12 中心》，http://news.sina.com.cn/c/2008-12-19/163716882493.shtml。

第六章 大型自然灾害状态下政府与社会组织合作对策（三）：项目合作

相较于政府来说，社会组织策划、组织、开展具体的救灾工作有四个方面的明显优势。

1. 项目资源链接面更广

政府开展项目主要动用的是与体制相关的资源，如财政、组织人力、政策文件等。而社会组织所链接资源的类型更丰富，资源链接面更广。比如，很多社会组织都是跨领域、跨地域、跨国界运作的，熟悉多个维度的资源，能够让多方参与救灾和灾后重建工作。在"5·12"汶川特大地震和芦山地震的灾后救援与重建过程中，境外、省外的社会组织非常多，即使是当地的社会组织，也与外地的社会组织有着各种联系。这些社会组织的参与为各类灾后重建项目带来了新的理念、资源和工作方式，大大提升了灾后重建的质量和水平。

2. 项目开展的方式更专业

今天，社会组织已经非常专业了，很多社会组织在某一领域有特别的专长。有的社会组织擅长心理辅导和治疗，有的社会组织擅长开展社会活动，有的社会组织擅长小组工作，能够主导和参与各类专业的灾后重建项目，如青少年心理服务公益项目就是由专业社会组织策划实施的灾后重建大型项目。这些专业化的工作模式极大地提升了灾后救援与重建的工作效果。相较而言，政府部门参与工作的模式单一，大多是行政工作的方式，很难取得良好的效果。

3. 项目开展的理念更前沿

在开展社会工作时，社会组织秉持助人自助、赋权增能等理念。这些理念在实践中的贯彻能够有效地增进对服务对象主体性的认同、尊重，更好地激励服务对象调整心态、积极参与工作，也能够通过增强自身的能力、信心和认识真正参与灾后重建，而不是单纯地依靠外部救助。相较而言，政府部门的工作理念相对传统，也有多重规章制度的限制，很难有效激发服务对象的主体能动性。

4. 工作立场更容易被服务对象接受

在灾后救援与重建项目中，政府部门扮演着行政资源分配的角色，在开展工作的过程中，涉及资源再分配的问题难免会引发多重矛盾，这使政府直接参与社会服务的相关工作会让国家与社会的关系陷入紧张局面。而社会组织作为第三方，不涉及资源分配的矛盾，并且其诚心助人的理念和形象很容易被服务对象认可和接受。因此，社会组织作为第三方开展工作有很多便利，服务对象接受度高，配合更好，工作成效更容易体现出来。

第一节　典型案例：汶川特大地震中的方碑村试验

——住房重建的"一帮一"模式[①]

绵阳市安县黄土镇方碑村距离绵阳市区 40 千米、北川县委

---

① 何志毅主编《方碑村试验："一帮一"灾后乡村家园重建计划》，上海交通大学出版社，2009。

县政府震后临时所在地安县安昌镇 5 千米左右。"5·12"汶川特
大地震导致该村 95% 的房屋完全倒塌，4% 的房屋成为无法居住
的危房，只有 1% 的房屋没有损毁。根据《北大商业评论》的调
查，方碑村村民的住宅均未投保，没有保险赔偿金。受灾村民的
自有资金普遍有限，难以进行住宅重建。进行灾后住宅重建的模
式创新，无疑是一条出路。另外，地震不可避免地给村民带来了
心灵创伤。重建不但意味着物理的重建，而且意味着心灵的重
建。重建不是简单的施舍，而是意味着自尊与独立、自信与希
望。如何通过灾后重建的模式创新，实现家园与精神的双重重
建，是一个现实挑战。

中国企业社会责任同盟调查后认为，每个受灾农户房屋重
建一般所需资金为 6 万~8 万元，政府提供灾后补助款每户约 2
万元，每户村民自筹和信用社贷款约 2 万元，如果每户能得到 1
万~2 万元的援助，那么全村 90% 受灾户的房屋重建问题便可得
到解决。

就村民的还款能力而言，每户村民平均每年可还款 4837 元，
其中，收入最高的家庭年还款额可达 6 万元。在还款期限上，如
果每户最高无息贷款金额为 2 万元，那么 62% 的借款农户可以在
3 年内还清借款，27% 的农户可以在 5 年内还清借款，100% 的农
户可以在 10 年内还清借款。

在调研的基础上，中国企业社会责任同盟启动了"政府
自有资金+政府补助资金+企业员工无息贷款"的"一帮一"
住房重建帮扶计划。"一帮一"住房重建帮扶计划的核心内容
是，一个城市家庭，以亲戚、朋友的身份无息借 1 万~2 万元
给村民；受助的受灾家庭，按借款协议的规定，在 5 年内分
期还清该笔借款。该计划采取的是借款模式，而不是传统的
直接捐助模式，所以一开始就从制度上进行了设计，以使还
款得到保证：借给村民的钱，如果借款人还不了款，就不能

取得房屋房契；五户联保，即借款农户必须找到另外四家农户提供还款担保，如果借款农户还不了钱，则其他四户替被担保户还钱。

该计划负责人打了一个比喻：政府是阳光，企业是电光，个人是烛光。"光电烛"计划是"一帮一"模式的基本出发点，虽然每个人都只是一根蜡烛，但众多蜡烛可以产生无限的光明。

方碑村"一帮一"住房重建帮扶计划的特点在于直接和互助。其指向直接、用途清晰，明确指向一户受灾村民，直接用于灾后住宅重建和生产自救。它是一种建立在自立基础上的互助，而不是慈善，这符合中华优秀传统文化里一直都有的自尊自强精神，保护了借款人的自尊心，同时该计划延续了中华民族互帮互助的传统美德，不仅让受助者有尊严地站起来，还为普通的个体公民参与慈善提供了一条途径，推动了个体公民在社会责任面前有所担当。

第二节　政府与社会组织项目合作的主要内容

在灾后重建过程中，政府与社会组织的项目合作通过多种方式开展，主要的合作内容包括以下几个方面。

一　进行需求评估

在各类灾后重建的项目中，政府与社会组织合作的重要内容是进行信息收集，有针对性地设计满足灾区群众需求的项目。比如，在方碑村试验中，中国企业社会责任同盟开展了大量的调研，了解到方碑村村民的住宅均未投保，没有保险赔偿金；受灾村民的自有资金普遍有限，难以进行住宅重建。中国企业社会责任同盟将这一信息反馈给政府部门，与政府部门合作，制订了适当的借贷款项目计划。

二　链接资源

开展灾后重建项目需要大量的资源，如援助物资、专业人才、志愿者等，这些都需要社会组织与政府部门通力合作。比如，在方碑村试验中，中国企业社会责任同盟利用自身的社会关系网络，链接了大量的资源，让很多企业愿意提供资源帮助灾区重建。社会组织链接资源有效地补齐了政府的资源短板，让各类项目的开展更加有效。

三　提供专业服务

社会组织在灾后重建项目中的优势是其具备专业的工作理念与技能，而这也是其与政府合作开展项目的优势。在方碑村试验中，中国企业社会责任同盟有从事金融工作的技能优势，能够利用社会企业的先进模式帮助灾区恢复重建。这种专业服务的提供避免了政府或者其他慈善组织在灾后重建工作中容易出现的资源分配不均、不能激发社会自身发展动力的问题。所以，在方碑村试验中，社会组织与政府在项目开展合作中通过专业服务有效地推进了灾后重建工作。

四　提供技能与理念培训

社会组织具有专业技能的优势，但是这种优势需要通过人员培训的方式转化为当地长期可持续发展的动力，而不是仅仅随着社会组织的介入和退出短暂地存在。在方碑村试验中，社会企业式的援助不但为居民提供了资源，而且锻炼了居民的金融理财能力，让居民能够通过有效合理的资源管理改善自己的生活，让项目成效得到实质性的提升。

第三节　政府与社会组织项目合作的主要形式

政府与社会组织进行项目合作有两种可能的方式：第一种是由政府提出具体项目，社会组织通过竞标获得政府资金，到灾区实施项目；第二种是由社会组织提出项目，做好项目规划等前期工作后，主动找到政府，政府进行评估并决定是否合作。

采取第一种方式需要政府选定项目。在选定项目过程中，首先需要组织大量专家去考察、评估；其次是制定管理制度，做一些标书。对于灾后重建过程中任务繁重的政府而言，如此大量的具体工作要实施起来十分困难，即使做了，质量也可能存在问题。因此，这种方式并不适合汶川特大地震的灾后重建模式。

采取第二种方式，前期工作由社会组织负责，这不仅可以发挥其专业优势，而且可以促进社会组织间的良性竞争。而政府作为公共资源提供资金，从项目实施者转变成裁判和监督者，这对提升政府的能力也是有意义的。这种方式在汶川特大地震灾后重建的各类项目中得到了广泛应用，其工作理念和优势也逐渐为政府与社会组织所认可。

在具体的工作中，政府与社会组织合作主要有以下三种形式。

一　需求与服务对接

在灾后重建项目中，不同地区因原有的社会经济条件不同、受灾情况不同、重建规划不同而产生不同的服务需求。政府部门因为对地方情况了解得比较全面，能够进行项目规划和设计，并且可以通过信息发布、资源链接的方式寻找合适的社会组织提供相应的服务。同时，社会组织参与灾后重建的热情很高，但找不到合适的服务对象，往往会求助于政府相关部门，通过政府相关部门了解信息，选择和安排适当的服务项目。比如，在芦山地震的灾后重建过程中，大量社会组织进入芦山，但很多社会组织比较盲目，找不到合适的服务项目。这时，省、市、县的团委系统发挥了关键作用，它们登记各类组织的情况和服务意愿，同时了解各地的需求状况，有效地安排相应的社会组织提供服务，让受灾地区和社会组织都能快速有效地进行合作，形成了高效匹配需求和服务的局面。

二　宏观规划与具体实践相结合

灾后重建是一项巨大的工程，既涉及政府部门的宏观规划，也需要社会组织的具体参与，形成一种各自发挥相对优势的合作模式。政府部门的宏观规划有效引导各类资源的投入，对灾后重建的方向、质量做出要求；社会组织则发挥专业优势，开展心理辅导、社会网络重建、文化娱乐等方面的工作，并且可以将工作信息反馈给政府，有助于政府修改、完善宏观规划。比如，汶川特大地震发生后，北川新城的建设工作是一项政府宏观规划的大工程，在这一过程中，众多社会组织参与，特别是在社会、心理、文化领域有许多专业的社会组织积极工作，并且为政府部门提供了很多建议，让政府在宏观规划中注意到将灾后重建部分资源向灾区文化保护、生态建设、公共场域建设等方面倾斜。

三　硬件项目与软件项目相结合

在灾后重建过程中，政府部门的工作主要在于硬件建设，包括房屋与基础设施建设。这类工作投资大、建设周期长，需要政策支持，应由政府部门主导。而社会组织主要从事软件建设的工作，如心理、精神、文化、社会交往方面的服务，这类工作需要对群众的需求有切实的了解，根据个人情况具体实施工作方案，但必须是有一定专业特长的社会组织才能实施。同时，这两类工作有密切的联系。比如，在汶川特大地震灾后重建的过程中，很多社会组织由于从事文化、社会交往方面的工作，与政府相关部门保持联系，让政府在房屋和基础设施建设过程中兴建了大量文化娱乐场所、公共广场等，这为精神文化活动的开展提供了必要的物质支持。硬件项目与软件项目相结合的方式大大提升了灾后重建的效率。

第四节　政府与社会组织在项目合作中的主要职责

一　政府在项目合作中的主要职责

1. 制定总体规划，进行项目定位

在灾后重建的各类项目中，政府部门都需要进行总体规划，引导社会组织参与项目目标的制定。社会组织虽然有技能、理念、资源等方面的优势，但对宏观的重建规划把握不足，造成进入项目具有一定的盲目性，甚至出现资源重复利用、效率低下的问题。为此，在灾后重建项目中，政府部门一定要做好总体规划，进行项目定位，根据当地的实际情况和未来发展方向，有目标、有步骤地安排各类项目，让项目之间相互配合，而不是相互挤压，以更好地发挥资源效力。

2. 搭建项目平台，引入各类社会资源

在灾后重建工作中，政府部门不应当干涉具体的项目，而应当做好项目平台搭建工作，通过好的平台，让各类社会组织都相对容易地了解到灾区建设所需的项目类型，并更好地参与进来，也更容易与其他社会力量合作，共同推进项目开展。比如，团委作为与社会组织打交道的主要群团部门，应该收集灾区所需的项目信息，同时链接各类社会组织资源，积极将各类专业性社会组

织引入相应的灾区重建项目中。没有好的项目平台，不仅社会组织无法有效介入灾区重建项目，而且容易出现项目资源分布失衡的问题，有的地区项目过多，重复浪费；有的地区则没什么项目，甚至根本没有社会组织了解这一区域的需求。因此，政府部门搭建项目平台、引入各类资源极为重要。

3. 管理项目进程，监督考核项目质量

虽然社会组织在开展项目过程中有理念、技能、资源等优势，但自身的管理水平、工作能力不同，完成项目的质量也参差不齐，甚至有些组织打着支援灾区建设的旗号参与项目，实际上从事的却是营利性甚至诈骗活动。对此，政府部门虽然不介入项目的具体工作，但是必须履行好项目监管职能。在涉及一些重要的项目时，政府部门要实时跟进，及时了解项目的进展情况，监督项目的流程，在验收项目时严格把关，提升项目的质量。为此，政府部门应当制定一套科学有效的工作模式，建立完善的评估体系，对社会组织的各类工作进行有效的考核和评价。

二　社会组织在项目合作中的主要职责

在灾后重建的各类项目中，社会组织都发挥着不可或缺的作用，这方面已经有诸多具体事例可供说明。总的来说，社会组织在项目合作中有四大主要职责。

1. 倡导专业理念

在灾后重建过程中，各种服务的提供都需要在专业的社会建设理念下进行。比如，很多国家的社会救助已经从简单的慈善转向能力的培养，"授人以鱼不如授人以渔"，这种理念的推广能够有效地影响当地灾后重建工作的规划，为灾后重建工作提供切实的帮助。在汶川特大地震灾后重建过程中，已经有不少新的社会帮扶理念得到切实贯彻，但是我们应该认识到，整体而言，我国当前的灾后重建工作还有许多不足之处，单纯地分发物资在灾后紧急救援阶段是可行的，但从长远来看是对当地社会重建能力的一种弱化，需要有新的理念介入影响，而这正是社会组织在项目开展中的首要职责。只有理念的影响，才是长远的、深入的。

2. 提供专业技能

如前所述，在项目开展过程中，社会组织的核心职责之一是提供专业技能，帮助提供各类服务。比如，心理辅导、社会整合、文化娱乐等方面的工作不是政府部门擅长的，而社会组织可以提供专业、易于被群众接受和认可的服务。在专业技能提供过程中，社会组织需要与政府部门、灾区群众进行密切的互动，让专业性与本土性相结合。另外，专业性与本土性相结合应该有"落地"的适应性，让工作技巧能为当地政府、群众所接受。同时，在大型自然灾害的灾后重建过程中，应该为改进、创新、完善社会组织的专业技能服务提供帮助，灾后重建工作不仅仅是接受专业服务，也是在为专业服务提供帮助，提供实践和完善的场域。

3. 链接社会资源

社会组织以广泛的关系网络和公益身份在灾后重建项目中占据一定的资源优势，特别是对链接各类慈善、公益组织、基金会资源具有极其重要的作用。通过社会组织链接资源，社会公众的信任度高，具有良好的社会效益。这在汶川特大地震的灾后重建过程中表现得比较明显，社会组织通过发动捐赠、游说基金会、招募志愿者等方式链接社会资源，有效地推进了灾后重建项目的实施。

4. 培育专业人才

灾后重建项目的核心是对人本身的建设，而人的建设涉及价值观、专业技能等方方面面。在培育专业人才方面，社会组织承担着特殊的职责，能够通过专业理念、专业技能、志愿服务等方面的工作影响和带动当地民众，通过技能培养、志愿倡导等方面的工作培育各类专业人才，从而让灾后重建的基础得以巩固。

　　需要说明的是，虽然通过大量的既有案例，我们可以总结出在灾后重建项目中政府与社会组织之间的职责差异，但是这只是依据既有经验进行的职责划分。实际上，政府与社会组织之间的职能划分是动态的，需要根据项目开展的情况不断调整。二者的职责既可能交叉，也可能重合。比如，项目平台的搭建虽然主要由政府负责，但很多社会组织特别是大型的枢纽社会组织常常负责平台建设，以便为更多的社会组织提供服务。

　　需要注意的是，社会组织灾后重建项目的选择应注重以下三个方面。第一，政府支持。社会组织灾后重建项目要想争取到政府的支持与合作，就要与政府公共管理和社会服务目标相一致，优先选择政府迫切需要的项目。第二，灾民需求。在灾后重建过程中，灾民的需求是社会组织一切工作的出发点，应根据不同阶段灾民需求的变化，为其提供政府难以提供的差异化服务和帮助。第三，媒体关注。在当今信息化高度发达的社会，媒体是社会组织获取社会关注和支持，进行人力、物力、财力等资源动员的重要条件。[①]

---

① 孟李娜：《汶川特大地震灾后重建 NGO 与政府合作模式》，《宜宾学院学报》2008 年第 11 期，第 97 页。

第七章 大型自然灾害状态下政府与社会组织合作对策（四）: 保障机制

目前，在大型自然灾害状态下，政府与社会组织的合作面临制度性、能力性和公信力等方面的障碍，必须采取一定的措施，完善政府与社会组织合作的保障机制，以切实形成大型自然灾害状态下的"党委领导、政府负责、社会协同、公众参与、法治保障"的社会管理格局。

第一节　政府与社会组织合作的制度性保障

要想建立政府与社会组织在大型自然灾害状态下的合作关系及长效机制，关键是从制度层面为政府与社会组织合作提供保障。而社会组织在灾后重建过程中能起多大作用，关键也在于制度化建设。

一　设立专门的社会组织管理服务机构

灾区政府应在救灾体系中建立专事社会组织管理服务的机构。这既有利于政府随时掌握社会组织的动态，也有利于社会组织及时了解政府的意图和工作安排以及救灾动态，以便更好地配合救灾工作，从而使双方都能在灾害救助中充分发挥作用，并最终形成互补。汶川特大地震发生后，四川省绵竹市政府和友成企业家扶贫基金会等组织联合成立灾后援助社会资源协调平台①就是很好的做法。因此，可借鉴这一做法，在抗震救灾指挥部下设立社会组织管理服务机构统一管理并服务到灾区开展工作的社会组织，搭建交流平台，制定服务规范，以充分发挥社会组织的作用。

二　创新社会组织登记管理制度

汶川特大地震发生时，我国对社会组织实行"双重分层管理"，社会组织由管理机关和业务主管部门共同管理。管理机关是民政部门，主要进行登记管理、监督管理；业务主管部门主要进行业务指导。后来，我国探索过行业协会商会类、科技类、公益慈善类、城乡社区服务类四类社会组织直接申请登记的政策，但一直没有进入法律法规层面。鉴于大型自然灾害状态下救灾任务繁重而紧迫，可对社会组织登记管理进行变通：对于符合登记条件的社会组织，进行登记；对于暂时不具备登记条件而又能信任，同时具备开展工作所需条件，并能在一定程度上满足灾区群众需求的社会组织进行备案，赋予其合法的临时身份。这样既可以为社会组织参与救灾提供方便，又可以对其进行有效监管。②

三　建立经费保障机制

资金是社会组织参与救灾的首要资源。从世界范围来看，在

---

① 参见边慧敏等《灾害应对中的社会管理创新——绵竹市灾后援助社会资源协调平台项目的探索》，人民日报出版社，2011。
② 齐海丽：《治理视野下的政府与非营利组织合作关系》，《学会》2009 年第 10 期，第 13 页。

社会组织的收入中，收费收益占53%，慈善占12%，政府或公共部门支持占35%，是社会组织收入的第二大来源。[①] 自然灾害发生时，虽然慈善捐款会大幅增加，但是根据我国的规定，除了各级红十字会、慈善总会等大型公募基金会，一般的社会组织没有接受捐赠的资格，而一般民众也不太了解和信任这些社会组织，再加上有些企业出于公关的需要，导致民间捐赠的对象主要是政府和大型官办公益机构。这意味着，除了红十字会、各级慈善总会等大型社会组织外，一般社会组织获得的捐赠往往比较少。[②]而社会组织到灾区提供服务是临时的、短期的，不可能通过收费收益获得收入。在这样的情况下，政府通过财政支持和税收优惠对社会组织进行经费支持就显得尤为重要。对于中央、省政府安排的灾后重建资金和对口援建省市提供的重建资金，政府可采取"政府承担、合同管理、评估考核"的方式，将部分资金用于购买社会组织的社会服务，使其在资金上有保障。另外，在税收方面也应实行减免政策。

第二节 政府与社会组织合作的能力性保障

社会组织拥有较强的救灾能力是政府与其合作的关键因素。因此，社会组织应致力于提升内部治理、资源筹集、项目管理尤其是专业救灾能力。

一 完善自身治理结构

良好的治理结构和治理机制是保证社会组织健康发展的必备

---

① 莱斯特·M. 萨拉蒙、S. 沃加斯·索可洛斯基等：《全球公民社会——非营利部门国际指数》，陈一梅等译，北京大学出版社，2007，第12~13页。

② 韩俊魁、纪颖：《汶川地震中公益行动的实证分析——以NGO为主线》，载清华大学公共管理学院NGO研究所主办《中国非营利评论》（第三卷），社会科学文献出版社，2008，第1~24页。

条件。从汶川特大地震和芦山地震来看，参与救灾的社会组织都是最近几年甚至地震发生后才成立的，规模普遍偏小，自身治理机构不完善，这导致其内部治理能力较低。我国应充分发挥章程的指导性作用，根据章程建立功能完备、权责明晰、高效运行、有效制衡的治理结构，明确会员大会、理事会、监事会和内设机构各自的功能及作用，健全议事、选举、机构、项目、财务和人事等有关制度，提高组织治理水平①，从而改善社会组织运行随意性强的状况。

二　提高筹资能力

据调查，参与救灾的社会组织普遍面临经费压力，收入来源单一，而救灾活动又决定了其几乎不可能从事营利性活动，严重影响了社会组织的救灾效果。因此，要不断提高社会组织的筹资能力。首先，社会组织应积极寻求资金来源的多元化。既要争取有爱心的企业和公民进行捐赠，又要向各类具有救灾性质的基金会申请，还要争取政府的财政资助或者政府购买服务。其次，社会组织应具备较强的项目策划能力。能否争取到资金，关键在于设计的服务项目是否能够满足灾区需求，是否具有可操作性和可行性以及一定的创新性。最后，社会组织要争取更多的救灾资金。要做到这一点，最根本的还是努力提高工作水平和服务质量，形成具有较高社会认知度的服务品牌，扩大社会影响力，以获得社会各界的信任和支持。

三　增强救灾能力

汶川特大地震是我国社会组织首次大规模地介入救灾，其普遍面临救灾经验缺乏、专业能力不足的问题。社会组织的规模较

---

①　甘肃省民政厅课题组：《社会组织与政府关系模式研究》，《甘肃社会科学》2009 年第 5 期。

小，且对汶川特大地震救灾的经验总结不够，没有在汶川特大地震抗震救灾实践的基础上提炼出一套行之有效的救灾理论和模式。这使社会组织在参加芦山地震救灾时，仍然处于缺乏本土化救灾理论指导的境地，导致其灾害救助的能力远远不能满足灾区需求。参加救灾时，社会组织在借鉴国外先进经验的同时，要与本土实践有机地结合起来，形成符合我国国情的救灾理论和方法。平时社会组织要对本组织成员进行专业培训，使其掌握相关理论、知识和技能，同时要积极地对本组织的工作进行总结和理论提升，以提高社会组织应对灾害危机的能力。此外，社会组织还应大力发展志愿者，并对其进行紧急救助的特殊培训。灾害发生后，志愿者要根据社会组织的安排前往灾区救灾而不是自行前往，这样既能保证救灾的专业性，又能保证救灾的有序性。

第三节　政府与社会组织合作的公信力保障

社会公信力是社会组织生存和发展的社会基础。实践证明，社会公信力发展不仅关系到社会组织获取社会资源的数量，还关系到它能否成为政府在救灾合作中的真正伙伴。一般而言，社会组织从事的是社会的公益和慈善活动，所接收的各种资源主要来自爱心捐赠，因此，财务支出应该对社会透明化。然而，据调查，到灾区提供服务的社会组织，公开透明的得分不高，其中有一半选择独立运作筹集的物资和资金，选择内部信息披露方式的比例较高，甚至出现极个别私吞捐款的行为。[1] 在相关调查中，受访者为社会组织提供的建议主要集中在组织的公信力和善款使用应当透明等方面。[2] 可见，救灾时，公信力不足已经成为制约社会组织发挥社会效能的一个重要因素。因此，应健全社会组织

---

① 顾然：《抗震救灾，志愿者潮涌潮退》，《新文化报》2009 年 5 月 9 日，第 3 版。
② 来自笔者于 2009 年 7~8 月对灾区的调查。

内部自律机制，提高社会公信力。社会组织应通过透明的运作制度回应公众的质疑，消除他们的顾虑，接受来自政府和公众的监督。

一　社会组织应建立公开透明的运行机制

社会组织应建立以诚信为核心的信息披露、报告和失信惩罚制度，尤其是财务的公开制度和监督制度，包括资金预算制度、财务审批制度、社会捐赠公示制度等，使社会组织的运作更加公开、透明。只有真正做到财务规范透明，信息公开，"让诚信成为善款的保护神"，才能得到政府和民众的认可，建立与社会各界之间的信任关系。①

二　政府应加强监管

社会组织应定期向政府报告工作，政府也要密切关注社会组织的动态，随时了解其工作状况。一是准入监管。对到灾区开展工作的社会组织进行准入监管。凡是正式注册的社会组织都可以无条件地进入灾区，没有正式注册的社会组织则要在全面了解其情况后做出是否同意其进入灾区的决定，进入灾区的社会组织要进行备案。二是活动监管。社会组织开展的活动凡是有可能影响到公共安全和灾区群众切身利益的，都要报政府批准或备案。三是标准监管。对于提供公共服务的社会组织，政府要评估其是否符合相应专业服务标准和规范，以免对灾区群众造成伤害。四是财务监管。督促社会组织及时进行信息公开尤其是财务公开。对政府购买服务的经费要及时进行审计，并把结果向社会公开。当然，政府在监管的同时，也要注意尊重和保障社会组织的自主性，而不是把社会组织变成政府的附属品，以充分发挥其在灾害救助中的作用。

---

① 崔恒展、高灵敏：《非营利组织与社会公正》，《山东社会科学》2005 年第 9 期。

三 政府应引入第三方社会评估机制

政府应引入第三方社会评估机制，实现监督管理社会化。政府要聘请相对独立的第三方评估机构，定期或不定期对社会组织进行评估，并将结果对外公开发布，以提高社会组织的公信力，帮助其树立良好的公众形象。

第八章 汶川特大地震后政府与社会组织合作关系的新发展

汶川特大地震灾后重建过程中形成的政府与社会组织合作关系，在后来的玉树、雅安、鲁甸、九寨沟等几次重大灾害中不断得到发展和完善。在此过程中，社会组织逐渐成为应急工作中的一支重要力量，无论是在现场救援、款物捐赠、物资发放、心理抚慰、灾后重建还是在防灾减灾教育等方面，都发挥了重要作用。社会组织逐渐从"零星参与""散兵游勇""组织协同""科学参与"等阶段进入系统化、组织化、专业化、标准化、制度化的常态发展阶段。

第一节 芦山地震政府与社会组织合作的新探索

2013 年发生的"4·20"芦山地震，是近年来我国遭遇的少数重大自然灾害之一，对雅安灾区民众和社会造成了严重创伤，雅安 8 县（区）全部受灾，176 人遇难。芦山地震发生后，四川省成立了雅安市"4·20"芦山强烈地震灾后恢复重建委员会，下设社会管理服务组，探索群团部门与社会力量跨界合作，协同社会力量依法、有序、有效参与灾后重建，实现了党委政府与社会力量的有效合作，为引导社会组织依法、有序、有效参与灾后重建凝聚了力量，是社会组织从点到面、从应急到常态、从碎片化到制度化参与社会治理的一次有益探索。

一　搭建平台，协同社会力量参与灾后重建

1. 搭建党委政府与社会组织合作平台

"4·20"芦山地震发生后，大量社会组织和志愿者进入灾区一线。为引导广大社会组织和志愿者依法、有序、有效参与抗震救灾，共青团四川省委第一时间在灾区建立了"193"工作平台（在芦山县城建立1个抗震救灾志愿者指挥中心，在芦阳镇政府等受灾群众安置地建立9个抗震救灾志愿者服务站，在龙门乡等重灾乡镇建立3个抗震救灾志愿者服务点）。震后第五天，抗震救灾指挥部设立社会管理服务组，抽调各级群团部门80余名骨干力量组成工作组，到芦山等8个重灾县（区）及乡镇，建立了17个社会管理服务工作站。4月28日，芦山县建立了全国首个灾害应对社会管理服务工作平台——"4·20"芦山抗震救灾社会组织和志愿者服务中心。该中心下设接待部、项目部和综合部3个部门，并设置组织报备、志愿者需求、项目申报和行动协同4个窗口，为社会组织和志愿者提供各种服务，帮助社会组织和志愿者快速、准确地了解灾区需求，进一步明确志愿服务目标和方向，确保了社会组织和志愿者进入灾区后能结合自身特点与优势切实发挥作用，有力推动和引导了各种社会组织和志愿者有序参与。

为了辐射和带动其他县（区）社会力量有序参与，四川省社会管理服务组决定，按照"省市共建、以市为主、省市县联动"的思路，于2013年5月12日正式在雅安市成立省市共建的雅安

抗震救灾社会组织和志愿者服务中心，协同社会组织和志愿者有效参与及服务抗震救灾与灾后重建。与此同时，受灾较为严重的县（区）的服务中心以及一些受灾严重的乡镇服务站（点）也相应建立起来，形成了市、县、乡的三级体系架构，各级社会组织和志愿者服务中心在同级社会管理服务组的领导下开展工作，同时接受上级社会组织和志愿者服务中心的业务指导，初步实现了灾区社会管理服务网格化覆盖、集约化工作、窗口化服务、实体化运行。

雅安抗震救灾社会组织和志愿者服务中心下设接待部、项目部、服务部和综合部 4 个部门。接待部的主要职责包括登记报备、信息发布、活动协调等，项目部的主要职责包括项目需求调查、项目发布对接、项目协调实施等，服务部的主要职责包括入驻审核、入驻服务、协调社会组织、培训组织等，综合部的主要职责包括综合协调、宣传联络、后勤保障等。

从组织功能来看，中心在本质上属于一种枢纽型社会组织。从发挥的职能作用来看，中心的枢纽功能主要体现在两个方面：一个是平台效应，即搭建一个开放性、社会性的平台，进而实现平等沟通、共享资源、创造价值；另一个是核心效应，即体现了群团组织在平台中的牵引力、影响力和凝聚力。具体来看，主要表现为信息发布平台、项目对接平台、公共服务平台、孵化培训平台。[1] 中心积极探索创建灾后重建过程中党委政府与社会组织有效协同的新模式，成为党委政府与社会组织的桥梁和纽带。一是党委政府通过中心及时向社会组织通报灾后重建进展和需求情况，让社会组织能够及时掌握项目动态和灾区需求，避免社会组织盲目开展工作。二是及时了解社会组织尤其是基金会的项目资金安排计划，以及社会组织在灾区的项目进展情况，为党委政府

---

① 陈鹏、汪永涛：《群团组织参与社会管理创新探析——以雅安社会组织和志愿者服务中心为例》，《中国青年研究》2014 年第 3 期。

的工作提供决策依据。三是及时统计、发布灾区社会组织服务动态，协同社会组织资源有效配置、有序流动，支持专业化、组织化程度高、公信力强的社会组织常驻灾区提供常态服务。四是全方位服务。为在灾区参与社会治理的社会组织无偿提供办公及活动场所、办公家具各类要素保障，通过新媒体平台，积极为社会组织和志愿者提供政策咨询、需求发布等服务，积极开展项目需求对接、项目实施协助、培训交流等工作。① 这种枢纽型的合作架构，促进了开放式信息网络的形成②，发挥了重要作用。截至2013 年 8 月，中心累计有效对接社会公益项目 418 个，资金合计约 101522. 04 万元。③

2. 搭建灾后重建过程中整合群团组织力量的新平台

为推进从救灾阶段向重建阶段、应急化向常态化的转变，在雅安抗震救灾社会组织和志愿者服务中心实践与探索的基础上，雅安市构建了市、县、乡、村四级群团组织社会服务中心体系，把雅安市群团组织社会服务中心建设成 "'大群团'格局的工作阵地、社会协同的服务窗口、承接政府购买服务的重要平台、服务群众的公益总部、爱心企业的公益伙伴"。④ 雅安市群团组织社会服务中心的主要职责包括资源整合、沟通协调、培育孵化、项目协同、体系建设，下设综合部、服务接待部、项目部、宣传部4 个部门。综合部主要承担综合协调、公文流转、后勤保障、会议服务、档案管理、组织人事等职责，服务接待部主要承担登记报备、入驻审核、组织协调、孵化培育、能力建设、资源共享等

① 刘可:《地方政府促进社会组织有序参与社会治理的机制研究——以 "4·20" 芦山地震灾后重建为观察》，硕士学位论文，四川省社会科学院，2020。
② 胡佳铌:《网络治理视角下政府与社会组织在灾害治理中的合作机制研究——以雅安地震为例》，硕士学位论文，华东政法大学，2016。
③ 胡佳铌:《网络治理视角下政府与社会组织在灾害治理中的合作机制研究——以雅安地震为例》，硕士学位论文，华东政法大学，2016。
④ 《雅安市群团组织社会服务中心简介》，http://www.yass.gov.cn/html/yass_07/yass_0701/。

职责，项目部主要承担需求调查、发布对接、承接政府购买服务、协调实施等职责，宣传部主要承担信息采编、简报编发、新媒体运营、媒体对接等职责。[①] 县（区）群团组织社会服务中心主要承担资源对接、项目协同、组织培育、体系建设职责。乡镇街道群团组织社会服务中心主要承担项目实施、需求收集、组织建设等职责。村社区群团组织社会服务站主要承担需求收集、吸纳群众、工作执行等职责。[②] 群团组织各具优势和资源，但力量分散，难以形成合力。将群团资源整合起来进行集中配置，统一实施小额贷款、就业创业等，可以支持灾区公共事业性设施兴建，如医疗机构、教育机构、新村建设等。同时，群团部门还可以面向社会组织特别是本土草根社会组织购买灾区群众灾后社会治理服务。

3. 搭建灾区需求项目对接平台

按照"自下而上"的原则，雅安市群团组织社会服务中心广泛收集灾区群众灾后生产生活需求，先后对接联系群众帮扶、就业创业、产业发展扶持、新村建设、防灾减灾、心理抚慰、基础设施、特殊群体关爱等 10 个类别公益项目 2000 余个，建立了灾后重建公益项目库。在此基础上，中心通过召开项目推介会以及在网站、LED 显示屏等众多媒介上发布推介项目。同时，中心制作项目册，向广大社会爱心人士、爱心企业、基金会、社会组织发放，做到广范围、大面积地进行推介。通过多级联动、多元协同，中心加大项目协同对接力度，推动援建资金尽快落实到具体项目，推动社会资源向项目资源转变。中心每月召开社会援建项目协调会，畅通社会组织、党政部门、灾区群众的对接渠道，切实降低社会资源沟通对接成本，提高项

---

① 《部门职责》，http://www.yass.gov.cn/html/yass_07/yass_0704/。

② 刘可：《地方政府促进社会组织有序参与社会治理的机制研究——以"4·20"芦山地震灾后重建为观察》，硕士学位论文，四川省社会科学院，2020。

目对接效率。① 截至 2014 年 4 月初，中心累计有效联系对接公
益项目 1403 个，项目资金达到 32.99 亿元，涉及医疗卫生、新
村建设、社会保障、教育四大类。② 比如，工青妇等群团组织
整合 "四季送"、"青年创业就业"、"创业就业小额贴息贷款"、
"灵活居家就业"、"量体裁衣" 式个性化服务等项目，联合开
展就业促进行动，通过加强政策、信息、阵地、资金、活动和
宣传等方面资源的优化配置，为失业人员、创业群体提供更加
切实有效的帮助。③

二　创新机制，确保社会资源与重建需求 "无缝对接"

1. 构建灾后重建过程中 "招善引慈" 的新机制

雅安市群团组织社会服务中心及时向基金会等社会组织以及
爱心企业、爱心人士通报灾后重建总体规划和工作进展，先后赴
北京、广东、上海等地对接社会组织和爱心企业，量身推荐援助
项目，引入大量社会资金，引导社会组织、爱心企业长期持续关
注灾区建设和发展；在抗震救灾和灾后重建的重要时间节点，多
次组织召开社会组织以及爱心企业援建座谈会，邀请基金会、爱
心企业等到灾区了解灾后重建的总体情况特别是灾区群众的实际需
求，并向社会各界推介援建项目，推动项目资源落地实施；先后参
加第二届和第三届中国慈展会，共计整合社会援建资金 9 亿余元。

2. 构建政府部门和社会组织之间的协同机制

雅安市群团组织社会服务中心充分发挥自身 "大群团" 和广
阔的资源平台优势，帮助成长中的公益人士提升能力、拓宽视
野、积累经验，发起 "协同伙伴" 计划，建立了信息互通、协作

---

① 雅安市 "4·20" 芦山强烈地震灾后恢复重建委员会社会管理服务组：《社会
　　力量参与芦山地震灾后重建体制机制创新研究》，2015 年 3 月。
② 参见雅安社会服务网（www.yass.gov.cn），雅安市群团组织社会服务中心简介。
③ 高永飞：《"4·20" 芦山地震以来四川群团组织参与社会治理的案例研究》，
　　硕士学位论文，电子科技大学，2018。

互助、资源互补、阵地共建、成果共享、服务购买等协同伙伴机制。雅安市群团组织社会服务中心通过该机制与各社会组织搭建交流合作的平台，与本地群团组织、知名基金会、社会企业、各界媒体等一起提供公共服务、开发公益产品、传播公益文化。该机制激发了社会组织参与雅安基层社会治理的活力，提升了雅安的社会治理综合水平，促进了各级群团服务中心、基层政府与社会组织的良性互动。

3. 构建社会资源监督管理机制

雅安市群团组织社会服务中心制定规范的工作流程和规则，实现用制度管人、用制度管事、用制度管钱，严格按照项目预算进行管理；依靠四川大学等专业力量，构建第三方评估机制，建立灾区群众、党政部门、社会组织和志愿者等多方参与的社会管理服务工作评估体系、方法和制度，推动社会化评估考核；邀请第三方评估专家、学者以及党政部门、社会组织、志愿者组建跟踪评估小组，按照"客观、公开、公平、公正"的原则，对购买服务的社会组织项目进行跟踪评估。在实施各项社会管理服务项目时，雅安市群团组织社会服务中心抽调专人作为专职监管人员，建立资金使用监督管理小组，加强对项目资金使用的监督。同时，建立台账，努力提高社会资源监管信息化水平，构建一个项目一份项目档案的机制，保证各项资金的使用有实有据，可以随时查看资金的使用情况，加强监管；让公众参与监督，实现透明化、长效化。[①]

三　深化拓展，推进灾区社会管理服务长效发展

2013 年 7 月，国务院发布的《芦山地震灾后恢复重建总体规划》在第五章"公共服务"中设立了"社会管理"一节，将

[①] 刘可：《地方政府促进社会组织有序参与社会治理的机制研究——以"4·20"芦山地震灾后重建为观察》，硕士学位论文，四川省社会科学院，2020。

"社会管理"作为灾后重建的重要内容，为推进灾区社会管理服务长效发展奠定了坚实基础。

1. 将社会管理纳入灾后重建总体规划

《芦山地震灾后恢复重建总体规划》第五章第三节"社会管理"明确进行服务体系建设，"加强和完善基层社会管理和服务体系，健全社会治安防控体系和应急管理体制，壮大社区工作专业人才队伍，发挥社区在基层社会服务管理中的积极作用，引导各类社会组织加强自身建设、增强服务社会能力"；明确加强人文关怀，"采取多种心理援助措施，有效协调各类相关资源，增强灾区群众心理康复能力。营造关心帮助灾区孤老、孤残、孤儿及留守儿童的社会氛围。建设妇女儿童和青少年活动中心"。这是中国在重大自然灾害灾后重建过程中，第一次将"社会管理"纳入灾后重建总体规划。

2. 深入调查研究科学编制项目设计

为了落实《芦山地震灾后恢复重建总体规划》，切实加强灾区社会管理，省、市社会管理服务组在充分调研灾区群众生产生活需求和灾区社会建设长远发展需要的基础上编制了《雅安灾后重建社会管理服务项目》，包括"雅安志愿服务体系建设及群众心理抚慰项目、雅安社会组织培育和社会工作人才培养项目、雅安地震灾区灾后恢复重建人文关怀项目"3个子项目。按照"阵地共用、资源共享、长效发展"的思路，2014年11月，四川省财政厅批复志愿服务体系建设及群众心理抚慰、社会工作人才培养和社会组织培育、灾区人文关怀3个社会管理服务项目资金共计9042万元。[①]

3. 社会管理服务项目的实施目标和内容

雅安灾后重建社会管理服务项目主要包括3个子项目。第

---

① 陈婕、杨青：《探索 创新 涅槃——雅安市群团组织社会服务中心体系建设篇》，《雅安日报》2015年9月8日。

一个是雅安志愿服务体系建设及群众心理抚慰项目，主要内容是构建雅安市区（县）街道、乡（镇）三级社会服务中心体系，实现对灾区市、县、乡三级的全覆盖，在雅安市建立市级社会服务中心 1 个，县区社会服务中心 8 个，乡镇、街道社会服务中心 116 个。第二个是雅安社会组织和培育社会工作人才培养项目，主要内容是建立社会组织孵化中心，培育公益慈善类、城乡社区服务类和行业协会类新兴社会组织 100 家，全面提高雅安本地社会组织的服务水平；成立社会工作协会，培养社会工作人才 1500 名，全面提升雅安灾后社会服务和社会管理能力。第三个是雅安地震灾区灾后恢复重建人文关怀项目，主要内容是建立健全地震灾区购买公共服务的标准体系，通过购买公共服务的方式推进实施灾区"特殊人群关爱"、"就业创业培训"和"社区关系建设"等项目，有效满足灾区民众个性化、多样化、专业化的服务需求。[1]

通过近两年的实践探索，雅安灾后重建体系第一次将社会组织和志愿者纳入工作力量范畴，第一次将社会管理服务项目纳入灾后重建总体规划，第一次搭建了党政部门协同社会力量参与灾后重建的跨界平台，第一次发挥了"大群团"在参与灾后重建中的积极作用，初步探索出"党政领导、群团实施、社会协同、公众参与、法治保障"的有效实践，创新了多元化协同社会力量参与灾后重建的理念，探索了组织化协同社会力量参与灾后重建的方向，构建了扁平化协同社会力量参与灾后重建的模式，实现了常态化协同社会力量参与灾后重建的方式，为政府与社会组织合作进行灾后重建做出了积极的探索与实践，积累了宝贵的经验。

---

① 卫葳：《接地气 惠民生——我市全力推进社会管理服务项目》，《雅安日报》2015 年 1 月 14 日。

第二节　芦山地震政府与社会组织合作
经验的省内应用

"4·20"芦山地震探索出的党委政府协同社会力量参与抗震救灾和灾后重建的经验,在 2017 年的"6·24"茂县山体滑坡、"8·8"九寨沟地震和 2021 年的"9·16"泸县地震及 2022 年的"9·5"泸定地震中得到了应用。

一　茂县"6·24"社会组织和志愿者协调中心

2017 年 6 月 24 日 6 时左右,茂县叠溪镇新磨村突发山体高位垮塌,共青团四川省委、共青团阿坝州委、共青团茂县县委联合中国慈善联合会救灾委员会、成都公益慈善联合会、壹基金川北联合救灾网络、卓明灾害信息服务中心、成都授渔公益发展中心等社会力量成立了茂县"6·24"社会组织和志愿者协调中心,承担社会组织与救灾指挥中心以及社会组织之间的信息对接和协调工作,负责社会组织、志愿者登记报备、培训,协调其参与现场行动等工作,引导社会组织和志愿者有序参与救灾。共有 94 家社会组织或志愿者团队先后到茂县"6·24"社会组织和志愿者协调中心报到,成为参与抢险救援不可忽视的一支力量。

6 月 28 日,四川省群团组织社会服务中心和成都市慈善总会在成都召开了"支持社会组织有序参与 6·24 茂县特大山体滑坡灾害救援与重建服务交流会"。会议提出构想,依托成都市慈善总会的公募平台,成立专项基金,将茂县"6·24"社会组织和志愿者协调中心变为常态化运行的茂县灾后重建社会服务中心。2017 年 12 月 10 日,四川省群团组织社会服务中心、成都市慈善总会、共青团阿坝州委、共青团茂县县委联合成立的茂县灾后重建社会服务中心在茂县青少年活动中心正式挂牌成立。该中心作为茂县"6·24"社会组织和志愿者协调中心的延伸，设立了综合服务部、项目发展部、宣传交流部3个部门，主要承担社会资源链接、协调公益项目落实、培育本地社会组织和对外宣传发声的职责；同时，设计符合当地重建需要的项目，并对灾后重建公益项目进行评估与督导。

二 四川省"8·8"社会组织和志愿者协调中心

2017年"8·8"九寨沟地震发生后，社会组织自发形成不同的联盟网络进驻灾区，在一定程度上整合了自身的力量。然而，由于各社会组织之间缺乏协调，救灾物资和社会车辆短时间内大量进入，加之仍有个体志愿者加入，给灾区救援带来了压力。为了维护灾区的救援秩序，合理分配救灾资源，8月9日凌晨，参照"4·20"雅安地震群团组织协同社会力量有力、有效参与救灾工作机制和"6·24"茂县地震应对经验，共青团四川省委、共青团阿坝团州委、中国灾害防御协会地震应急救援专业委员会、中国慈善联合会救灾委员会、基金会救灾协调会、成都市慈善总会、中国灾后重建行动学习网络、四川原点公益、西华大学社会发展学院、卓明灾害信息服务中心、四川省群团组织社会服务中心、四川青年志愿者协会共同建立了四川省"8·8"社会组织和志愿者协调中心，4小时后成立了前线工作站。随后，九寨沟县委组织部、统战部、县团委、工会、妇联以及相关社会组织成立了九寨沟县"8·8"地震社会组织和志愿服务协力中心工作站。此外，由于震中漳扎镇灾情严重、社会救援力量扎堆，九寨沟县团委决定在漳扎镇成立社会援助力量工作站。至此，社会组织和志愿者协调中心成为政府联系社会组织、整合社会资源的重要渠道。

九寨沟县"8·8"地震社会组织和志愿者服务协力中心是开

展合作救灾的主要阵地，设指挥协调组、报道派遣组、物资后勤组、信息组、调研评估组5个工作小组，它们各自的职责明确，在紧急情况下做好政府与社会组织的对接工作。其中，指挥协调组负责与省协调中心、救灾指挥部的协调工作，在级向结构上主要表现为基层活动向上级部门的汇报；报道派遣组负责对抵达九寨沟的社会组织进行登记报备及派遣，重点在于了解掌握进驻九寨沟的社会组织的数量、类型、物资情况、主要活动范围；物资后勤组负责开展对救灾物资的协调捐赠与协调中心大本营的后勤服务工作，在震后灾区，不仅包括衣服、食品、饮用水等救援生活物资的发放，还包括在主要安置点进行应急宣传手册的发放、密切跟进群众的问题反馈；信息组开展社会组织和志愿者救援工作信息收集及对外发布工作，由于在紧急情况下，对信息发布的权威性和统一性要求更高，信息组在协调中心发挥着核心作用；调研评估组负责开展下一步灾区需求的调研评估工作，科学供给、按需分配力量是保障救援高效完成的重要举措，这一目标的实现依赖信息组的信息传递、调研评估组的科学评估，其中涉及地质学、气象学等专业领域的分析评估。[1]

据四川省"8·8"社会组织和志愿者协调中心初步统计，这次在中心登记报备参与前线服务的志愿者有2288名，共有219家（支）社会组织、志愿服务团队或企业在中心网络平台登记备勤，共有114家（支）到九寨沟县"8·8"地震社会组织和志愿服务协力中心工作站登记报备并参与现场服务[2]，完成包括灾情排查、现场救援、交通指引、心理安抚、物资发放、协助疏散等6批18个任务。

① 刘聪聪：《突发自然灾害应急响应中政府与社会组织的合作研究——以九寨沟为例》，硕士学位论文，山东大学，2018。
② 陈旭、盛丹萍：《从九寨沟地震应对看四川抢险救灾的进步》，《四川行政学院学报》2017年第5期。

三 "9·16"泸县地震救援任务

2021年"9·16"泸县地震发生后，共青团四川省委第一时间启动应急预案，按照省指挥部的统一调度，积极承担群众安置组、物资保障组相应职责，利用省、市、县三级应急志愿服务响应体系，积极指导各级团组织参与应对工作；派出工作组指导市、县两级建立社会组织和志愿者协调中心，发布《告社会组织和志愿者书》，开展灾区应急志愿服务和群众安置等工作。

四 "9·5"泸定地震救援

2022年9月5日，四川甘孜泸定县发生里氏6.8级地震。为引导广大社会组织和志愿者参与灾害应对，当天，共青团四川省委、四川省应急管理厅联合发布《告社会组织和志愿者书》，呼吁大家有序参与救灾。在应急指挥部指导下，四川省应急管理厅、共青团四川省委联合社会力量共同建立"甘孜州'9·5'泸定地震应急志愿服务协调中心"。中国慈善联合会救灾委员会进行技术指导，爱德基金会提供资金支持。四川青年志愿者协会、成都授渔公益发展中心等机构负责平台协调工作。另外，共青团甘孜州委、共青团雅安市委、共青团泸定县委、共青团石棉县委分别成立泸定地震应急志愿服务协调中心，引导广大社会组织和志愿者专业理性、依法有序、科学有效地参与此次灾害应对。特别是，地震发生两小时后，雅安市群团组织社会服务中心和石棉县群团组织社会服务中心成立了社会组织和志愿者服务站，雅安市群团组织社会服务中心成立了灾后重建工作组、物资协调工作组、社会组织协调工作组、信息宣传工作组、后勤保障工作组5个小组，开展了地灾风险排查、人群疏散、危房清理、帐篷搭建、物资转运、心理辅导等工作，服务人群近 1.5 万人次。对接中国扶贫基金会和壹基金等公益机构，总价值约 3872 万元。[①]

第三节　芦山地震政府与社会组织合作经验的跨省输出

芦山地震中政府与社会组织形成的合作模式不但在四川省得到了进一步应用，而且为后来的"5·21"漾濞地震和"7·20"河南洪灾等灾害应对提供了参考与借鉴。

一　"5·21"漾濞地震

2021 年 5 月 21 日，云南省大理白族自治州漾濞彝族自治县发生里氏 6.4 级地震。按照"快速响应—登记报备—供需对接—精准参与—有序撤离"应急志愿服务响应机制，在"5·21"漾濞地震发生后，共青团四川省委经与共青团云南省委联合研判，第一时间派出骨干力量赶赴云南支援，快速协助当地科学设置抗震救灾社会组织和志愿者服务中心（站），登记报备社会组织 52 家、志愿者 1116 名，派出 1815 人次，完成任务 444 次，涉及震损评估、风险排查、群众转移、搜寻搜救等各类应急志愿服务工作，实现了应急志愿服务响应机制线下有效复制。[②]

二　"7·20"河南洪灾

2021 年"7·20"河南洪灾发生后，共青团四川省委派遣骨干协助中国慈善联合会救灾委员会、郑州市慈善总会等成立"7·20

---

① 《雅安市群团组织社会服务中心关于引领本土社会组织参与抗震救灾工作的报告》，雅安社会服务网，www.yass.gov.cn/html/2022/1226/10405.html。
② 共青团四川省委：《四川省应急志愿服务发展情况介绍》，2023。

洪灾社会组织和志愿者协调中心", 并抽调志愿者 101 人成立线上信息协调小组, 24 小时开展信息协同工作, 累计联系、对接救援队伍 536 支, 收集救援队行动信息 1777 条, 实现了应急志愿服务响应机制首次远距离线上输出。

第九章 完整公益事业链视角下的
政府与社会组织
合作关系

　　大型自然灾害涉及多种需求的满足、多种利益的协调，工作的复杂性和任务的艰巨性使政府与社会组织的合作成为必要。要想充分发挥社会组织在大型自然灾害中的作用，必须以全新的理念和创新性的举措推进政府与社会组织的合作。具体而言，在日益重视社会建设和社会管理创新以及社会治理的大背景下，可以借鉴产业链的概念和视角，把公益和慈善视为一个事业链。因此，可以从打造完整公益事业链的视角出发，采取切实有效的措施，推进大型自然灾害状态下政府与社会组织的合作。

　　公益事业链有四个方面的内涵及意义。第一，公益事业链具有层次性，是站在战略高度上建立各链条之间关系的。第二，公益事业链是紧密相连的，关联性越强，资源配置效率越高。第三，公益事业链具有价值增值性，这不仅指事业链中各个主体的价值增值，而且要形成可持续发展能力，使事业链的总体价值大于各个主体价值之和，更具有竞争力。事业链越长，资源的加工程度越高，事业链价值就越大。第四，公益事业链是供需关系的表达，要关注供给与需求，始于资源的积累，止于需求者的消费，最终目的是满足公益需求。

从结构上讲，公益事业链主要包括资源提供环节、积聚环节、分配环节和消费环节。灾区政府在打造公益事业链过程中，通过整合与聚集资源，推动社会组织集群孵化发展，加强政府与社会组织的合作交流，提高社会组织的服务能力。灾区政府打造公益事业链的具体含义，在宏观层面上，是指政府从成立基金会到与社会组织合作提供服务及考核评估；在微观层面上，是指社会组织之间的事业链关系建设，因为不同的社会组织提供服务的职责不同，如提供资助型（慈善基金类）、搭建基础平台型（教育类）、公益服务型（社会服务类）、具体项目操作型（工商经济类）等。在事业链上，不同的社会组织可以在不同的环节中扮演角色，应加强相互之间的协作性和社会功用，形成一个系统的事业链。公益事业链具体包含五部分：公益资源提供者、公益资源集聚者、公益资源使用者、公益资源消费者和公益事业中介体系。灾区政府着力于公益事业链的打造，系统规划公益事业，使无序的社会公益事业转向有规划的发展模式，对公益事业的长远发展及社会组织的建设有很大的促进作用（见图 9-1）。

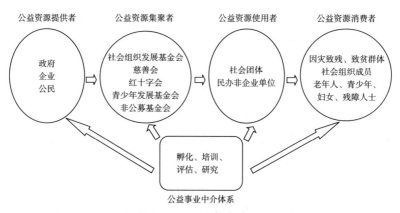

图 9-1　完整公益事业链示意

一 努力集聚以灾区政府投入为主导、企业投资为主体、公民捐赠为补充的公益资源提供者

公益事业链的首要环节是公益资源的提供。社会组织面临的问题主要是资源来源渠道有限、结构不合理。其中，社会服务类、生态环保类社会组织的资金困难问题尤为突出。这就需要政府采取多种措施，努力扩大公益资源的范围，为与社会组织合作奠定坚实的资源基础。

首先，以灾区政府购买服务为主要形式，使政府投资成为公益事业链资源来源的主导。公益事业是为民众提供公益服务的事业。因此，灾区政府责无旁贷，每年应将财政资金大量投入公益事业。政府应当通过建立社会组织发展基金会、购买社会组织服务、提供办公场地和办公设备等措施加大投入力度，为其他资源进入公益事业做好引导和示范。

其次，以企业履行社会责任为主要抓手，使企业投资成为公益事业链资源来源的主体。虽然企业以获得利润为主要目的，但是现代社会越来越强调社会责任。因此，可以以企业履行社会责任为主要抓手，促进企业为公益事业链提供资源。而且，由于企业的数量众多、资源丰富，企业投资应该成为公益事业资源提供的主体。一是鼓励有条件的企业成立公益基金会；二是鼓励一些企业通过成立社会责任部门委托社会组织实施公益项目；三是鼓励一些企业通过向工商经济类协会缴纳会费的方式投入资金；四是鼓励社会组织直接赞助社会组织项目。建立并推行社会责任报告制度，有条件的经济组织定期向社会公布社会责任履行情况报告。对企业履行社会责任的情况进行评估，以促使企业切实履行社会责任。

最后，以公民进行小额捐赠为主要途径，使公民捐赠成为公益事业链资源来源的补充。单个公民对公益事业的贡献是有限

的，但我国人口众多，如果能广泛动员公民加入为公益事业链提供资源的行列，则是一股不容忽视的力量。当然，公民提供资源应当以小额、经常性的捐款为主。除了进行"一日捐"，还可以借鉴壹基金等基金会的形式，设计好的公益项目引导公民进行小额、经常性的捐赠。

二 重点培育以公募基金会为引导、非公募基金会为主体的公益资源集聚者

在公益事业链中，各类基金会是重要的资源集聚者。相对于政府、企业和个人而言，基金会由于专门从事公益事业，能大大提高公益资源的使用效率，提升公益资源的使用效果。

1. 做大做强公募基金会

政府在加大对社会组织资金投入力度的同时，也可以通过建立基金会的方式整合社会资金，形成针对社会组织的专有资金储备平台。应做大做强公募基金会，形成社会组织发展基金会提供专项经费支持，红十字会、慈善会等提供项目经费支持，妇女发展基金会、青少年发展基金会等各类专门领域基金会提供专门经费支持的社会组织经费来源新局面。

2. 大力发展非公募基金会

政府可以通过引导企业成立非公募基金会的方式为社会组织发展注入血液，为政府分担资金压力。中国非公募基金的快速崛起提供了一个强劲的资源平台，其在发展中会逐步释放民间公益资本的潜能。政府通过引导和监管非公募基金会的建设，增强公民的公益意识、提高社会组织的公信力，使募集的慈善资源有效地流向更多政府系统没有覆盖的领域。

三 大力发展以民办非企业单位为主体、社会团体为补充的公益资源使用者

在公益事业链中，各类民办非企业单位、社会团体是资源的

具体使用者，应大力发展文体活动类、教育培训类、社会服务类等民办非企业单位，以及工商经济类、生态环保类等社会团体，使其能快速、有效地用好公益资源。

1. 制定各项服务规范和标准

充分发挥高等院校、科研院所以及行业协会的作用，组织具有深厚理论造诣的专家学者和具有丰富实践经验的实务工作者，以老年人、妇女、青少年、残障人士为重点，就社会组织提供的各项服务制定规范和标准，切实提高社会组织服务水平，以更好地指导社会组织开展工作。

2. 加强社会组织能力建设

在扩大社会组织规模、完善社会组织内部治理结构的基础上，通过组织各种各样的培训会、研讨会、经验交流会、案例讨论、实地考察等，提升社会组织的战略规划能力、资源募集能力、项目管理能力以及专业服务能力等。

3. 提升社会组织公信力

引导社会组织建立健全以章程为核心的各项内部治理结构和管理制度，完善内部约束机制。以财务公开为重点，面向社会公开各类信息，增强外部约束机制。引导社会组织树立品牌意识，着力提高社会组织综合能力。建立健全以行业公约、准入标准、诚信建设等为核心的行业自律机制，发挥社会组织行业公共服务和公共技术平台的作用，加强对行业的指导、管理、服务和监督，营造公平、健康的行业发展环境。

四　有机对接以直接受损群体和社会组织成员为普惠面，因灾致残、致贫群体及老年人、青少年、妇女、残障人士为重点人群的公益资源消费者

既然是事业链，那么必然有其最终的消费者。公益事业链的消费者就是因灾致残、致贫群体及以老年人、青少年、妇女、残

障人士为重点人群的弱势群体。公益事业链要想健康、可持续发展，就必须让其资源与真正有需要的群体实现有机对接，让弱势群体有机会使用。

1. 努力扩大社会组织的服务面

每个社会组织都有其特定的服务领域和服务范围。要想激发公益事业链的活力和促进其长远发展，就必须尽可能地扩大公益事业链的服务面，提高公益事业的社会对接度、公众调动度、效果能见度和群众满意度。基金会和民办非企业单位应尽可能在残障康复、精神卫生、社会福利、社会救助、慈善事业、社区建设、教育辅导、就业援助、应急处置等领域为贫困群体提供服务。社会团体应尽可能地广泛覆盖应该覆盖的会员。

2. 明确社会组织重点服务领域

当前，社会组织应当紧扣大型自然灾害发生后的重点和难点，重点关注因灾致残、致贫人员及以老年人、青少年、妇女、残障人士为重点人群的弱势群体，提供哀伤辅导、伤残康复、生计发展、为老服务、助学助残、公共卫生服务、公共就业服务、社会保障服务、公共文化服务，真正解决他们的实际困难，帮助政府排忧解难。

五　建立健全以孵化、培训、评估、研究为主体的公益事业中介体系

除了各类主体外，公益事业链还应该有一系列成熟的中介机构。

1. 引进社会组织孵化机构

在灾区发展社会组织孵化机构，为到灾区参与抗震救灾的社会组织提供办公场地、初始资金、能力建设、项目对接等服务。在具体操作中，建议以政府购买服务的形式将社会组织孵化园委托给专业孵化机构进行经营和管理，而不宜由政府直接运营孵化园。

2. 建设社会组织培训机构

依托灾区高校、科研院所和一些专门从事社会组织能力建设的中介与培训机构，建立一批实体和非实体的社会组织培训机构，提高社会组织的专业服务能力。

3. 建立社会组织评估机构

一方面，灾区政府组建政府评估主体，成立社会组织评估中心，广泛邀请灾区及非灾区的高等院校、科研院所和社会组织管理者组成评估专家库。另一方面，引导高校、社会力量成立第三方评估机构。灾区政府建立评估制度，确定评估标准，对社会组织进行等级评估、孵化评估、招标评估、年度评估、项目实施中期评估和项目结束评估，并将评估结果作为灾区政府向社会组织购买服务和社会组织享受政策优惠的重要依据。优先考虑和扶持等级高的社会组织，对其进行重点培育。

4. 成立社会组织研究机构

灾区政府与高校和科研院所联合成立非实体研究机构，每年给予相应的项目和经费，对社会组织在灾区的服务情况进行跟踪研究，并提出针对性、前瞻性和创新性的对策。

参考文献

安友仲：《芦山地震后群团组织参与联合救治》，《成都大学学报》
2013 年第 5 期。

包国宪、潘旭：《"新三元结构"与公民社会发展——从政府体制
改革的视角分析》，《湘潭大学学报》（哲学社会科学版）2007
年第 6 期。

包丽敏：《谁来执掌 760 亿元地震捐赠》，《中国青年报》2009 年
8 月 12 日。

边慧敏、王振耀、王浦劬、冯燕主编《灾害应对中的社会管理创
新——绵竹市灾后援助社会资源协调平台项目的探索》，人
民出版社，2011。

蔡宁、张玉婷、沈奇泰松：《政治关联如何影响社会组织有效
性？——组织自主性的中介作用和制度支持的调节作用》，
《浙江大学学报》（人文社会科学版）2018 年第 1 期。

曹荣湘选编《走出囚徒困境——社会资本与制度分析》，上海三
联书店，2003。

陈鹏、汪永涛：《群团组织参与社会管理创新探析——以雅安社
会组织和志愿者服务中心为例》，《中国青年研究》2014 年
第 3 期。

程坤鹏、徐家良：《从行政吸纳到策略性合作：新时代政府与社

会组织关系的互动逻辑》，《治理研究》2018年第6期。

褚松燕、李长安、曾金胜：《新型风险共担机制优势凸显——政府救助与民间救助如何对接》，《人民论坛》2008年第11期。

邓国胜：《响应汶川——中国救灾机制分析》，北京大学出版社，2009。

邓京力：《"国家与社会"分析框架在中国史领域的应用》，《史学月刊》2004年第12期。

邓正来：《国家与社会——中国市民社会研究》，四川人民出版社，1997。

邓正来、J. C. 亚历山大：《国家与市民社会——一种社会理论的研究路径》，中央编译出版社，1999。

邓正来、景跃进：《建构中国的市民社会》，《中国社会科学季刊》（香港）1992年11月创刊号。

丁元竹：《社会发展管理》，中国经济出版社，2006。

范明林：《非政府组织与政府的互动关系——基于法团主义和市民社会视角的比较个案研究》，《社会学研究》2010年第3期。

方建中、苏光恩：《中国当代市民社会理论研究综述》，《杭州电子科技大学学报》（社会科学版）2006年第3期。

弗朗西斯·福山：《信任：社会美德与创造经济繁荣》，郭华译，海南出版社，2001。

G. A. 阿尔蒙德、S. 维巴：《公民文化——五个国家的政治态度和民主制》，华夏出版社，1989。

高丙中、袁瑞军主编《中国公民社会发展蓝皮书》，北京大学出版社，2008。

高永飞：《"4·20"芦山地震以来四川群团组织参与社会治理的案例研究》，硕士学位论文，电子科技大学，2018。

龚咏梅：《社团与政府的关系——苏州个案研究》，社会科学文献出版社，2007。

郭虹、庄明等:《NGO 参与汶川地震过渡安置研究》,北京大学出版社,2009。

韩俊魁:《NGO 参与汶川地震紧急救援研究》,北京大学出版社,2009。

何增科:《公民社会与第三部门》,社会科学文献出版社,2000。

河度亨:《关于中国转型期国家与社会关系变化的分析途径》,《北京行政学院学报》2003 年第 5 期。

胡佳妮:《网络治理视角下政府与社会组织在灾害治理中的合作机制研究——以雅安地震为例》,硕士学位论文,华东政法大学,2016。

黄晓春:《当代中国社会组织的制度环境与发展》,《中国社会科学》2015 年第 9 期,第 146~164、206~207 页。

姜涌:《公民社会概念的历史和现在》,《中国海洋大学学报》(社会科学版)2003 年第 6 期。

敬乂嘉:《政府与社会组织公共服务合作机制研究——以上海市的实践为例》,《江西社会科学》2013 年第 4 期。

康晓光、韩恒:《分类控制:当前中国大陆国家与社会关系研究》,《社会学研究》2005 年第 6 期。

康晓强:《公益组织参与灾害治理研究》,博士学位论文,复旦大学,2010。

康晓强:《政府与公益组织协同参与灾害治理研究——以"遵道模式"为案例》,《学习与实践》2012 年第 2 期。

柯弼川:《四川:大灾后社会力量参与的探索和实践》,《中国减灾》2015 年第 11 期。

兰华:《我国公民社会发展与服务型政府建设——治理理论视角》,《山东大学学报》(哲学社会科学版)2005 年第 5 期。

李惠斌、杨雪冬:《社会资本与社会发展》,社会科学文献出版社,2000。

李惠斌主编《全球化与公民社会》，广西师范大学出版社，2003。

李劲：《关于中国国家与社会关系演变趋势的思考》，《福州党校学报》2007 年第 6 期。

李世书：《国家与社会关系的历史嬗变及其发展趋势》，《理论月刊》2005 年第 12 期。

李书巧：《我国非政府组织参与公共危机管理研究》，《理论月刊》2012 年第 6 期。

李珍刚：《当代中国政府与非营利组织互动关系研究》，中国社会科学出版社，2004。

林闻钢、战建华：《灾害救助中的 NGO 参与及其管理——以汶川地震和台湾 9·21 大地震为例》，《中国行政管理》2010 年第 3 期。

林闻钢、战建华：《灾害救助中的政府与 NGO 互动模式研究》，《上海行政学院学报》2011 年第 5 期。

林尚立：《领导与执政：党、国家与社会关系转型的政治学分析》，《毛泽东邓小平理论研究》2001 年第 6 期。

刘春蕊：《20 世纪社会主义国家关系的演变及思考》，《青岛大学师范学院学报》2001 年第 4 期。

刘聪聪：《突发自然灾害应急响应中政府与社会组织的合作研究——以九寨沟为例》，硕士学位论文，山东大学，2018。

刘可：《地方政府促进社会组织有序参与社会治理的机制研究——以"4·20"芦山地震灾后重建为观察》，硕士学位论文，四川省社会科学院，2020。

刘良：《中国公民社会视野中的政府治理转型探析——也论我国政府与社会关系衍变中的公域之治》，《中共福建省委党校学报》2006 年第 12 期。

刘威、陈刚：《从各类型国家发展实践中看政府与市场的关系》，《辽宁行政学院学报》2008 年第 1 期。

刘亚华、刘惠亮等:《芦山地震社会组织参与救治工作分析》,《中国行政管理》2013 年第 5 期。

刘译鸿、丁文广、刘书明:《应急管理中政府与社会组织合作治理的路径选择》,《中国发展》2017 年第 4 期。

刘振立:《关于芦山地震后群团组织参与社会自治的思考》,《四川大学学报》2013 年第 11 期。

吕朝贤:《非营利组织与政府的关系:以九二一赈灾为例》,《台湾社会福利学刊》2001 年第 2 期。

罗百益、周秀平:《有效整合社会力量创新社会组织管理——以四川社会组织在灾害重建与恢复中的参与工作为例》,《社团管理研究》2010 年第 12 期。

罗伯特·D. 普特南:《使民主运转起来》,王列、赖海榕译,江西人民出版社,2001。

罗谟鸿、邓清华、胡建华、李芳编著《当代中国社会转型研究》,西南师范大学出版社,2007。

罗兴佐:《中国国家与社会关系研究述评》,《学术界》2006 年第 4 期。

马长山:《国家、市民社会与法治》,商务印书馆,2002。

马全中:《非政府组织参与危机管理研究述评》,《河南大学学报》(社会科学版)2013 年第 3 期。

牛涛:《当前中国新型国家与社会关系的建构》,《理论研究》2008 年第 4 期。

帕萨·达斯古普特、伊斯梅尔·撒拉格尔丁:《社会资本——一个多角度的观点》,张慧东等译,中国人民大学出版社,2005。

潘佳铭:《从宗法社会到公民社会——法治建设的逻辑进程》,《法制与社会发展》2006 年第 5 期。

庞金友:《现代西方国家与社会关系理论》,中国政法大学出版社,2006。

齐凌云：《中国社会与政治的发展模式——国家与社会关系分析框架下的研究范式》，《探索与争鸣》2006 年第 6 期。

塞缪尔·P. 亨廷顿：《变化社会中的政治秩序》，王冠华等译，生活·读书·新知三联书店，1989。

时和兴：《关系、限度、制度：政治发展过程中的国家与社会》，北京大学出版社，1996。

孙双琴：《论当代中国国家与社会关系模式的选择：法团主义视角》，《云南行政学院学报》2002 年第 5 期。

孙晓莉：《中国现代化进程中的国家与社会》，中国社会科学出版社，2001。

唐（Tang, W. F.）、胡赣栋：《中国民意与公民社会》，张东锋译，中山大学出版社,2008。

唐士其：《国家与社会的关系：社会主义国家的理论与实践比较研究》，北京大学出版社，1998。

唐士其：《"市民社会"、现代国家以及中国的国家与社会的关系》，《北京大学学报》（哲学社会科学版）1996 年第 6 期。

陶鹏、薛澜：《论我国政府与社会组织应急管理合作伙伴关系的建构》，《国家行政学院学报》2013 年第 3 期。

田凯：《发展与控制之间：中国政府部门管理社会组织的策略变革》，《河北学刊》2016 年第 2 期。

王冬芳：《非政府组织与政府的合作机制——公共危机的应对之道》，中国社会出版社，2009。

王光星、许尧、刘亚丽：《社会力量在应急管理中的作用及其完善——以 2009 年部分城市应对暴雪灾害为例》，《中国行政管理》2010 年第 7 期。

王名：《中国的非政府公共部门》（下），《中国行政管理》2001 年第 6 期。

王名主编《汶川地震公民行动报告：紧急救援中的 NGO》，社会科学文献出版社，2009。

王浦劬：《政府向社会力量购买公共服务发展研究——基于中英经验的分析》，北京大学出版社，2016。

王诗宗、宋程成：《独立抑或自主：中国社会组织特征问题重思》，《中国社会科学》2013 年第 5 期。

王维国、宋洪云、高艳萍：《现代社会的公共性理念》，知识产权出版社，2008。

萧功秦：《后全能体制与 21 世纪中国的政治发展》，《战略与管理》2000 年第 6 期。

萧功秦：《中国后全能型的权威政治》，《战略与管理》2002 年第 6 期。

萧延中、谈火生、唐海华、杨占国：《多难兴邦——汶川地震见证中国公民社会的成长》，北京大学出版社，2009。

邢宇宙：《协同治理视角下我国社会组织参与灾害救援的实现机制》，《行政管理改革》2017 年第 8 期。

徐小群：《民国时期的国家与社会——自由职业团体在上海的兴起》，新星出版社，2007。

徐永光：《2008，中国公民社会元年》，《NPO 纵横》2008 年第 4 期。

徐永光：《合作，中国 NGO 发展的理性选择》，南都公益基金会网，http://www.naradafoundation.org/sys/html/lm_25/2009 - 01 - 09/120412.htm。

闫娟：《21 世纪政府、市场与公民社会的三足鼎立——来自治理理论的启示》，《成都行政学院学报》2002 年第 1 期。

颜如春：《当代中国的政府与社会关系模式探析》，《探索》2006 年第 3 期。

颜文京：《调整国家与社会关系的第三种模式——试论组合主义》，《政治学研究》1999 年第 2 期。

杨巧蓉：《中国社会转型与中国特色市民社会》，《学术探索》

2007 年第 6 期。

叶舒：《政府与非政府组织在自然灾害治理中的合作机制研究——以网络治理为视角》，硕士学位论文，华中师范大学，2015。

余晓芳、邓集文：《国家治理体系现代化视野下的政府与社会组织合作治理关系研究》，《云南行政学院学报》2016 年第 4 期。

俞可平主编《地方政府创新与善治》，社会科学文献出版社，2003。

俞可平主编《治理与善治》，社会科学文献出版，2000。

郁建兴、沈永东：《调适性合作：十八大以来中国政府与社会组织关系的策略性变革》，曾峻：《公共秩序的制度安排——国家与社会关系的框架及其运用》，学林出版社，2005。

詹姆斯·S. 科尔曼：《社会理论的基础》，邓方译，社会科学文献出版社，1999。

张静：《法团主义》，中国社会科学出版社，1998。

张强、陆奇斌、张欢等编著《巨灾与 NGO——全球视野下的挑战与应对》，北京大学出版社，2009。

张强、余晓敏等：《NGO 参与汶川地震灾后重建研究》，北京大学出版社，2009。

张勤、刘含丹：《构建政府与公民社会组织的合作互动机制》，《新视野》2008 年第 6 期。

张青国：《法团主义视角下中国国家与社会关系模式的调整与建构》，《重庆社会科学》2006 年第 1 期。

张舜禹、郁建兴、朱心怡：《政府与社会组织合作治理的形成机制——一个组织间构建共识性认知的分析框架》，《浙江大学学报》（人文社会科学版）2022 年第 1 期。

张为民：《中国古代社会乡里自治与国家稳定关系叙论》，《济南大学学报》2000 年第 6 期。

张晓苏、张海波：《社会组织在应急响应中的功能与角色——基于芦山地震的实证研究》，《风险灾害危机研究》（第 1 辑），2015。

赵敬丹、张帅:《城市治理中政府与社会组织合作的价值维度、理想形态和现实进路——基于"合作治理"理论研究视角》,《四川行政学院学报》2019 年第 2 期。

赵军锋、金太军:《论非政府组织参与危机管理的演化逻辑——基于治理网络的视角》,《学术界》2013 年第 8 期。

《政治学研究》2017 年第 3 期。

中国(海南)改革发展研究院编《民间组织发展与建设和谐社会》,中国经济出版社,2006。

中华人民共和国国务院新闻办公室:《中国的减灾行动》,www.gov.cn/zwgk/2009-05/11/content_1310227.htm。

钟海之:《美国侨报:中国迈入公民社会断言尚早》,http://www.chinanews.com.cn/hb/news/2009/01-19/1532904.shtml。

朱春雷:《建国后中国国家与社会关系研究综述》,《中共四川省委党校学报》2007 年第 2 期。

朱华桂、吴丹:《基于演化博弈的政府-社会组织应急管理合作持续性研究》,《风险灾害危机研究》(第 12 辑),2021。

朱健刚:《志愿者元年,公民元年》,南都公益基金会网,http://epaper.nddaily.com/F/html/2008-07/13/content_514299.htm。

朱健刚、陈健民:《抗震救灾:中国公民社会崛起的契机?》,(香港)《二十一世纪》,2009 年第 114 期。

朱健刚、王超、胡明:《责任·行动·合作——汶川地震中 NGO 参与个案研究》,北京大学出版社,2009。

朱世达主编《美国市民社会研究》,中国社会科学出版社,2005。

朱英:《论清末民初社会与国家的发展演变》,《理论月刊》2005 年第 4 期。

B. Gray, "Conditions Facilitating Inter-organizational Collaboration," *Human Relations* 10 (1985): 911-936.

C. Alter and J. Hage, *Organizations Working Together* (Newbury Park,

CA: Sage, 1993).

Drabek T. E. , H. L. Tamminga, T. S. Kilijanek, et al. , "Managing Multi-organizational Emergency Responses: Emergent Search and Rescue Networks in Natural Disaster and Remote Area Settings," Natural Hazards Information Center. Boulder, CO: University of Colorado Press, 1981.

D. R. Young, "Complementary, Supplementary, or Adversarial? A Theoretical and Historical Examination of Nonprofit-Government Relations in the United States," in E. Boris, T. Steuerle and C. Eugene (eds.), *Nonprofits and Government: Collaboration and Conflict* (Washington, DC: The Urban Institute Press, 1999).

D. Unger, *Building Social Capital in Thailand: Fibers, Finance, and Infrastructure* (New York: Cambridge University Press, 1998).

E. Ostrom, *Governing the Commons: The Evolution of Institutions for Collective Action* (Cambridge: Cambridge University Press, 1990).

F. Fukuyama, *Trust: The Social Virtues and the Creation of Prosperity* (New York: The Free Press, 1995).

H. B. Milward (eds.). 1996. "Symposium on 'The Hollow State: Capacity, Control and Performance in Interorganizational Settings' ," *Journal of Public Administration Research and Theory* 6 (2001): 193-313.

J. Coleman, *Foundations of Social Theory* (Cambridge, MA: Harvard University Press, 1990).

J. C. Thomas, *Public Participation in Public Decisions: New Skills and Strategies for Public Managers* (San Francisco: John Wiley & Sons Inc. , 1995).

J. D. Thompson, *Organizations in Action: Social Science Bases of Administrative Theory* (New York: McGraw Hill, 1967).

J. E. Austin, *The Collaboration Challenge* (San Francisco, CA: Jossey-Bass, 2000).

J. E. Fountain, "Social Capital: A Key Enabler of Innovation," in L. M. Branscomb and J. H. Keller (eds.), *Investing in Innovation: Cra-fting a Research and Innovation Policy That Works* (Cambridge, MA: MITPress, 1998).

Keane John, *Civil Society and State: New European Perspectives* (London: Verso, 1998).

K. S. Cook and J. M. Whitmeyer, "Two Approaches to Social Structure: Exchange Theory and Network Analysis," *Annual Review of Sociology* 18 (1992): 109–127.

L. G. Proven and H. B. Milward, "Do Networks Really Work? A framework for Evaluating Public-Sector Organizational Networks," *Public Administration Review* 4 (2001): 414–423.

Margaret Sutton, Robert F., and Arnove Eod., *Civil Society or Shadow State?: State/NGO Relations in Education* (Greenwich, Conn.: Information Age Pub., 2004).

M. R. Linden, *Working Across Boundaries: Making Collaboration Work in Government and Nonprofit Organizations* (San Francisco, CA: Jossey-Bass, 2002).

Naim Kapucu, "Public-Nonprofit Partnerships for Collective Action in Dynamic Contexts of Emergencies," *Public Administtation* 1 (2006): 205–220.

P. Evans, *State-Society Synergy: Government and Social Capital in Development* (Berkeley, CA: International and Area Studies, University of California, 1997).

R. F. Chisholm, *Developing Network Organizations: Learning from Practice and Theory* (New York: Addison-Wesley, 1998).

R. J. Bennett and G. Krebs, *Local Economic Development: Public-private Partnership Initiation in Britain and Germany* (New York: Belhaven Press, 1991).

R. R. Dynes, "Finding Order in Disorder: Continuities in the 9-11 Response," *International Journal of Mass Emergencies and Disasters* 3 (2003): 9-23.

R. S. Fosler and R. A. Berger, *Public-Private Partnerships: Seven Case Studies* (Lexington, MA: Lexington Books, 1982).

T. E. Drabek, *Human Responses to Disaster: An Inventory of Sociological Findings* (New York: Springer Verlag, 1986).

Tom Ling, "Delivering Joint-up Government in the UK: Dimensions, Issues and Problems," *Public Administration* 4 (2002): 625-626.

U. Putnam, *Making Democracy Work: Civic Traditions in Modern Italy* (Princeton, NJ: Princeton University Press, 1993).

V. H. Stallings and E. L. Quarantelli, "Emergent Citizen Groups and Emergency Management," *Public Administration Review* 45 (1985): 93-100.

W. G. Coleman, *State and Local Government and Public-private Partnerships: A Policy Issue Handbook* (New York: Greenwood Press, 1989).

W. L. Jr Waugh, *Living with Hazards Dealing with Disasters: An Introduction to Emergency Management* (Armonk, NY: ME Sharpe, 2000).

W. W. Powell, "Neither Market nor Hierarchy: Network Form of Organization," in B. M. Staw and L. L. Cummings (eds.), *Research in Organizational Behavior*, Vol. 12 (Greenwich, CT: JAI Press, 1990), pp. 295-336.

图书在版编目（CIP）数据

自然灾害中的政府与社会组织合作：以汶川特大地
震为例 / 邓湘树著 . --北京：社会科学文献出版社，
2024.9. --（光华社会学文库）. --ISBN 978-7-5228-
4328-5

Ⅰ. D632.5

中国国家版本馆 CIP 数据核字第 2024UR7077 号

光华社会学文库
自然灾害中的政府与社会组织合作
——以汶川特大地震为例

著　　者 / 邓湘树

出 版 人 / 冀祥德
组稿编辑 / 谢蕊芬
责任编辑 / 孟宁宁
责任印制 / 王京美

出　　版 / 社会科学文献出版社·群学分社（010）59367002
　　　　　　地址：北京市北三环中路甲 29 号院华龙大厦　邮编：100029
　　　　　　网址：www.ssap.com.cn
发　　行 / 社会科学文献出版社（010）59367028
印　　装 / 三河市龙林印务有限公司

规　　格 / 开　本：787mm×1092mm　1/16
　　　　　　印　张：11.5　字　数：147 千字
版　　次 / 2024 年 9 月第 1 版　2024 年 9 月第 1 次印刷
书　　号 / ISBN 978-7-5228-4328-5
定　　价 / 79.00 元

读者服务电话：4008918866